U0124531

藏密氣功

第八世噶千仁波切—著

羅鐸仁謙等—譯

藏密氣功

目次

| 第一章 | 練氣，從「心」開始 9

|第二章| 讓我們一起練習

|第三章| 練氣療「心」

編輯凡例

一，本書是根據噶千仁波切2005、2006年在台灣的開示整理而成，經仁波切授權出版，我們重新安排全書的順序，方便讀者從見地開始，進入實修練習，到對治身心問題，再加上問與答等四部分，希望幫助讀者有系統地了解藏密氣功。

二，本書內容介紹的氣、脈修法，是「那洛六法」中「拙火」的前行法，仁波切認為這部分修法可公開給大眾，對大眾而言，不管是世俗的增益健康，或勝義的以氣脈修持止觀、乃至體會心氣無別之理，都很有利益。仁波切引吉天頌恭教言說：「氣脈的修法，是任何人都可以修持的」。任何人都可以藉著修持氣脈，得到延長壽命、消除障礙，或是開啟智慧等等的功德利益。「拙火」進階修持則屬於不共法教，需請求具格上師傳授。

三，本書除依仁波切現場口授整理而成的內文外，為幫助讀者正確理解，我們也依據書中仁波切開示，請畫家繪製成美觀而實用的系列修持圖，為求正確，所有氣脈修持圖，感謝仁波切一張一張審閱，並指示如何修訂，這真是讀者福報。此外我們也整理如轉心四思維、八閒暇、十圓滿等圖表，以

解釋書中提及的名詞、觀念；更儘可能附上相關書目或解釋，提供讀者更多參考資訊。

四，關於藏密氣功如何對治身心不適，書中亦有所解釋，這是仁波切修行經驗的慈悲分享。由於修習藏密氣功與身心經驗有密切的關係，本書主要是提供讀者知識上的參照，仁波切提醒：在實際練習時，讀者最好能依止具格老師，求教於經驗豐富、思想行為純正的善知識，更能從中獲得實益。

五，由於仁波切一直非常重視《佛子行37頌》，強調只要實踐《佛子行》，就與仁波切的身語意不分離；而《佛子行》中反覆強調的慈悲菩提心，也是修持藏密氣功最重要的發心，有助於據以掌握仁波切教授的心要。因此本書也收錄《佛子行37頌》，方便讀者閱讀並了解內容。

眾生文化 編輯部合十

2013年5月15日

編註 ：本書作者噶千仁波切指示，華人讀者如有本書修持相關問題可請教努巴仁波切或慈善法林的耶喜老師。

第一章

練氣，從「心」開始

藏密氣功的重要觀念

身體是我們的世界

　身體就像一個地區、一個國家，當中有難以數計的路，如果這些路都能夠瞭若指掌的話，到任何地方都很方便。講氣脈，是讓我們瞭解身體的要點，使我們健康，成就功德。

身體像布料，有許多空隙，心能藉著它們和外界相通。
修氣，能證悟報身境界。

苦樂旋轉門

禪修氣功，是一種轉苦為樂、轉罪過為功德的善巧法門。

佛教講究唯心，我們之所以講授有關氣脈的修持，是因為我們對身體的要點能夠瞭解得透澈的話，就能夠得到健康，也能夠成就功德。心氣一體的時候，除了可以保持健康，也可以吸收一切的好處與功德。身體就像一個地區、一個國家，當中有難以數計的路，如果這些路都能夠瞭若指掌的話，到任何地方很方便。講氣脈，是讓我們瞭解身體的要點，使我們健康，成就功德。

佛有四種事業來利益眾生：息、增、懷、誅，以它們來造福與利益眾生。不只是佛，一個國家要運作順暢的話，也是需要這四種事業的。我們這個金剛身體就好比一個城市一般，對城市當中的要點要能瞭解得透徹，才能夠得到一切功德。然而，縱使我們懷抱四種事業，還是要以利益眾生的菩提心為基礎，才能成佛。否則它們只是增加我執，我執則會導致墮落地獄。是成佛還是墮落地獄，就在自己的一念之間，心

中有利他之心、菩提心就可以成佛，心中有我執，就會墮入輪迴。

大家都想要快樂不想要痛苦，就必須瞭解什麼是苦樂的由來，不只對於痛苦的原因要有瞭解，也要瞭解樂因，快樂的因。苦因與樂因認識清楚的話，就會知道快樂的因就是菩提心，心中有菩提心的話，就可以跟周遭的一切和平相處，而且也會有同情心，大家相處愉快。恰恰相反地，苦因就是我執，我執就是有三毒、或六毒，不管心中有三毒或六毒，就會傷害他人，自己跟其他周遭的人處不來，沒有快樂，只有痛苦。就像科學家指出人的身體裡面有兩種細菌，一種是對身體有好處的益菌，另一種就是會傷害身體的害菌。在佛教裡面，利他之心就是益菌，不但對別人好，自己的心也可以很快樂，周遭的人也可以得到快樂。害菌是要消除的，不但造成自己的痛苦，對他人也是有害處的。

我們要有清淨的身體，必須要有清淨的心。若對於心、氣、脈瞭解清楚，而且可以持修得很好的話，就可以得到殊勝不共的成就。不共就是很特別、很殊勝的意思，這不共的成就

就是成佛的成就；而共的成就，也就是一般的、共同的成就，就是可以得到我們剛才說的息、增、懷、誅的成就。

心靈庇護所

雖然要教導各位的是氣脈，一切還是要從皈依開始。因為佛法的道路是由佛所開示的，修法還是要由皈依三寶開始。首先，皈依外三寶：佛、法、僧，我們要先在三寶前受取皈依戒，再發起慈悲利他的菩提心。

所謂外皈依，就是觀想一切怨敵親友，都是我們過去世的父母，而所有的快樂痛苦，都是自己造作的果報。在這個世間得到暇滿十八種條件的人身，可與如意寶相比的條件，是我們得以成佛的依據。但是，如果不懂得善加利用的話，這個殊勝的人身未能好好修持，沒有菩提心當作修持的依據，我們的人身就會淪落成徒受我執與六煩惱所驅使。有了我執，就會產生六煩惱，如此沈淪相繼以往，我們就無法得到解脫，只能永遠在輪迴的苦海中載沉載浮。

十八暇滿 = 八有暇（遠離八無暇）＋十圓滿		
八無暇 八種完全沒有空閒、或是有很多修行阻礙的生命狀態。反之即是「八有暇」，即不出生在這八種不利學佛的狀態或處所。	地獄	每分每秒身心都在受苦的狀態。
	餓鬼	因為貪心，被飢餓感、匱乏感完全束縛。
	傍生	變成動物，理解力比較低，不易受教。
	邊地	出生的世界雖然有佛，但是完全沒遇上。
	邪見	抱持各種和佛法完全不契合的觀念，而且自以為是。
	長壽天	天道中的色界、無色界。享受著非常微細思維的喜悅，生命很長，又滿是喜樂，不會想要修行，只享受前世累積的福報。
	佛不出世	出生的世界根本沒有佛出現。
	瘖啞	因為知覺器官的功能受損，學習有比較多的障礙和困難。

十圓滿 十種修持佛法必須的主、客觀條件。	自圓滿 （主觀條件）	得人身	出生於六道的「人道」當中。
		生中土	中土的意思是「中央」、「核心地」，也就是佛教的宇宙中心。生中土，就是生在有佛和佛法傳承的地方。
		六根具足	身體視覺、聽覺等感官加上思維力都正常。
		業際無顛倒	行為和思想純正、相信業和因果，所以具有實踐行善的基本道理。
		對佛法具信心	相信佛教的各種觀念。
	他圓滿 （客觀條件）	佛出世	出生的世界佛正在那裡，或是曾到過。
		佛已說法	佛教授了解脱輪迴的方法。
		佛法住世	解脱輪迴的方法保存並傳了下來。
		自入聖教	自己相信、決定選擇佛教，甚至皈依、出家。
		師已攝受	找到真正的上師，而且願意引導、指引。

我們在皈依三寶之後，必須斷捨自己身、口、意的所有不善
業，由衷地從根本斷捨害他之心。然後，因為皈依了佛、
法，如此我們就成了「僧」。所謂的僧，本意就是俱善，就
是進入佛門之後，前、中、後的俱善：前的善業，指的是觀
修了慈悲利他心的緣故，可以免入三惡道的生門；中的善
業，指的是可以往生三善道，享用著人天的福報，比如說美
妙的身體、財產、友伴等等；後的善業，是指可以證得遍知
一切的圓滿佛果。

身體是件衣服

佛法修持的正確思維，首先可以先從「轉心四思維」開始，
藏密氣功的修持從這樣開始也是非常好的。

嚴格說來，以修持的角度，轉心四思維我們大都只是耳聞而
已，並沒有真正落實到我們的心裡。但轉心四思維是一切法
的地基，也是根源。不論如何，我們對於佛法應該是首先聽
聞，再藉由修持產生經驗，然後做進一步的觀修。我們要如

何將轉心四思維落實呢？以「人身難得」為例，我們可以一天觀修八有暇，一天思維十圓滿，十圓滿當中什麼是自圓滿？什麼又是他圓滿？藉由這樣的反覆思維，我們會瞭解到原來自己的身體是何等殊勝的。產生這樣的信念後，我們就會產生決定的信解。

轉心四思維	
1.人身難得	了解八有暇、十圓滿的內容，明白自己得到人身有麼多難能可貴。從中我們能建立自信心，對治覺得自己無法修行的沮喪、灰心。
2.死亡無常	在觀修難得人身的同時，知道人身的脆弱。無常隨時到來。我們要珍惜每一個當下，努力修持。
3.因果業力	因果就是善有善報，惡有惡報，推動它循環不斷的就是業力。認識業力的因果法則，學習對自己負責，止惡行善。
4.輪迴過患	因果循環不息，生命因此有了六道這六種不同的形式，有著不同的痛苦。認識痛苦、挫折、分離等等是輪迴的本質，學習接受生命中的不圓滿。認知唯有修持佛法，出離輪迴，才可能得到圓滿的快樂。

有了聽聞，然後有修持的經驗，最後我們才有所謂的了悟或
理解。比如說我們一早見面都會互相招呼：「昨晚睡得好
嗎？」通常的回答都是：「睡得好」。其實從法上來說，
「睡得好」是一項過失。因為我們知道人身難得的話，修法
都來不及了，怎麼還有時間睡覺呢？除非是真的疲累不堪，
否則我們寶貴的時間應該大部分都用來修法。要是能夠不要
睡那麼多的話，比如說凌晨一兩點就醒來，我會感到非常歡
喜，心想又多了一些可以修持的時間，睡眠越少越好。思維
人身難得，就會在善行上精進更加努力。當然，就算沒有這
樣精進修持，我們的福報還是會成熟的，只是說可能要等好
幾世之後。但是沒有思維人身難得的話，佛法對我們來說沒
有多大作用。

氣脈的修持會改變我們對身體的感覺。如果可以好好地修
持氣或脈的話，在我們自己的身體上會有一些修持的徵兆
出現。比方說我們現在的身體其實像布料一樣，有很多毛
細孔分佈，藉由這樣觀想之後，我們就能理解自己的身體就
好像不存在。體內的五臟六腑，我們雖然沒有去觀想，但可
以感受到幾乎是不存在，我們現在都覺得自己的身體好像

石頭般堅固地存在。其實身體像布料一般，有很多空隙，我們的心能夠藉著它們跟外界相通。如《佛子行37頌》裡比喻的，身體就像旅館，心就像旅客，總有一天旅客還是要遠離旅館他去的。我們可以藉由氣的修持，證悟三身當中報身的境界。（編註一）

不管是氣脈也好，或是我們可能修習過的施身法也好，都是採取強制的方法來清淨我們身體上的執著，也就是斬斷我執。以氣脈而言，先修脈，再修氣，再來轉為虹光，藉此去除身上的我執。

如果我們知道如何清淨自身的我執，藉由佛法上的修持，就會感受到自己的身體對我們而言，恩惠是非常大的。密勒日巴曾說，人的身體因為有六大（編註二）的緣故，所以可以藉此來修持，這是比其他五道眾生來修持都更加殊勝

編註一：參見《佛子行37頌》第4頌，「識客且遺身舍去」。

編註二：六大，即地、水、火、風、空、識，地指身體中如骨骼等堅硬的部分，水指如體液等流動的部分，火指體溫等有熱能的部分，風指呼吸等氣體的部分，空指身體有空隙、空間的部分，識指心識。

的。以天人來講，沒有明點，不像人的身體這樣殊勝；要
想解脫的話，沒有明點是很困難的。

與天人相比，人多出了哪一樣呢？人所多出的就是明點，以
世俗的說法就是身體的精華，是可以傳宗接代的精血元物
質。但我們如果不懂得如何運用的話，就成為輪迴的種子；
懂得使用就是成佛的依據，這跟菩提心是有關的，我們可藉
此來觀修菩提心。

佛海與冰心

菩提心不管是從大手印或是大圓滿來做解釋，都行得通。
〈普賢王願文〉中的一基、二道、三果，一基指的就是
根，即我們心中的如來藏。就像是一棵大樹，根部深深地
扎入土地中，可比六道輪迴的眾生，而往上延伸的花、
葉、果實，就好比三身——法、報、化三身的淨土。所謂
的一根、或一基的通性，就像是大海一般，由於佛沒有被
任何障蔽污染，是清澈的，眾生則是凝結成冰。海與冰雖

然體性、本質都是水，卻呈現不同的狀態。我們只要具備利他之心，就是佛陀；如果只有愛護自己的我執心態，就算修持佛法，仍將束縛在輪迴裡。關於這點，《佛子行37頌》（編註三）已有說明。

●菩提心與氣功觀修

各位或許都唸誦過《佛子行37頌》，或許也了解或曾經練習過氣脈觀修的方法。但不管是什麼方法，都離不開《佛子行37頌》的精神，就是要降伏我們內心的煩惱。不管是從生起次第（編註四）當作修持的起步，還是要以氣脈或唸誦的方式，我們必須知道這一切都是為了要降伏煩惱，都要以菩提心為基礎。不管是密乘戒、菩薩戒，或別解脫戒也好，所有的法門都是為了成佛而設立的，八萬四千法們都是為了成佛鋪設的道路。

編註三：第11頌，「諸苦由貪自樂起，佛從利他心所生」。

編註四：本尊觀的修持，包含生起次第與圓滿次第兩部分，可對應止觀修持的止與觀，生起次第即清晰觀想本尊。

在《佛子行37頌》裡講到有關於什麼是「佛」？例如第30
頌，智慧就是般若波羅蜜，佛陀是具備六度，特別是第六
度，也就是智慧，它代表佛（編註五）。 佛的意思就是到達了智
慧的彼岸，也就是到達了究竟之後，對於現在、過去、未來
三時都可以親見。智慧就是佛遍知一切的成因。

簡單而言，其實佛指的就是具足方便，無有三輪見，也就是
說佛具有廣大的悲心。例如唸誦儀軌時的皈依與發心，對如
虛空的廣大眾生生起悲憫之心，再來興起三輪體空的正見。
三輪就是自、他、法。三輪體空就是這三者完全沒有任何實
質存在。我們因為有「自己和他人」實際存在的執著，才會
輪迴。為了破除執實性，我們需要修三輪體空。佛雖然證悟
了空性，並沒有失去廣大的悲心。

所以我們在觀修的時候，首先需要生起菩提心，有了菩提心
就不會對親友、怨敵生起了愛憎的心理。佛陀宣講的三轉法

編註五 ：《佛子行37頌》第30頌，「無慧善導前五度，正等覺佛不能成，
故具方便離三輪，修智慧是佛子行。」

輪，是對不同根器的眾生，教導不同的觀修方法，但目的相同。以受持別解脫戒的行者而言，先將煩惱視為過失，三惡道視為可怕的去處，藉由這樣來斷惡行善。至於受持菩薩戒的行者，遠離愛憎之後，自己的心就可以常住平等捨的境界當中，心便可以成像為廣大的虛空一般，萬里無雲，如太陽當空的明朗澄澈。空性就是因為這樣而得以證悟，只是證悟的方法不同而已，其實都是一樣的。它們的差別也就是上、中、下，這三士的不同。（編註六）

●兩種菩提心

菩提心又可以分為兩種，一種是世俗菩提心，一種是勝義菩提心。勝義菩提心意思與六度當中的般若波羅蜜多一樣。我們要知道樂與空、煩惱與智慧，這兩者在實際上的差別，與修持上的根本來講，煩惱與智慧到底有怎樣的不同。對初學

編註六：修行人依發心不同，而有上、中、下士三士夫的差別，下士夫追求投生人天善道，中士夫發願追求個人的解脫，上士夫發願我與眾生同證菩提。

者而言，所謂的煩惱，就是沒有經過造作與調服，自然的煩
惱。所謂初學者的智慧是什麼呢，以妄念來講，不管我們產
生了怎樣的煩惱，都從我執而來。例如憤怒心：今天有個人
惹我們生氣，我們就起了瞋恨心，心想：就是這個人害我
生氣的，如果不生氣會被別人嘲笑沒有膽量，所以一定要
生氣。像這樣，自心就被憤怒控制住了。憤怒的根本是什麼
呢？憤怒的根本來源就是：一直執著「這是我的。」比如這
是我的孩子、我的房子、我的錢。如果有人對這些「我的所
有」造成傷害的話，我們就會非常憤怒，起了瞋恨心。一切都
是因為與「我」有關，才會生起瞋恨心。就像是《佛子行37
頌》所說的，對自己的親友產生貪戀，對怨敵產生瞋恨心，
一切痛苦的來源都是我執所產生的，我執就是痛苦的來源。

《佛子行37頌》第2頌：「貪愛親方如水動，瞋憎怨方似火
燃，癡昧取捨猶黑暗，離家鄉是佛子行。」為什麼說這些取
捨是「癡」呢？就像我們對自己喜歡的人，就會多加讚美，
對我們討厭的人，則是想辦法詆毀，認為這個人沒有任何功
德學問。這樣子，我們就沒辦法認清事情的真相，貪瞋的心
蒙蔽了我們認識真相的能力。所以說這是愚癡。如果今天有

個人，我們對他沒有任何貪戀或瞋恨，就可以將他的功過正確如實地說清楚。同樣的，我們遠離貪瞋，就會有清明的般若智慧產生，唯有清明的般若智慧，才能了知功德與過失。功德、過失我們都了然於胸。如果兩者互相摻雜，我們就難以分辨了。究竟所謂的愚癡，它們是從哪裡來的呢？是從貪瞋而來。就像墨汁倒進水裡，水變得污濁不堪，失去了清淨。同樣的，我們的心會被貪瞋遮蔽了。

我們還要理解：修持合一的重要性。法門有八萬四千種，我們要知道如何把它們合一來修持。過去寶賢譯師迎請阿底峽尊者到西藏，途中兩人討論佛法。阿底峽尊者請問寶賢譯師佛學上的造詣。譯師說自己曾經修習過四部密續，其他法門也精通。阿底峽尊者非常地讚嘆，問道：實際修持時，又是怎麼樣來修持的呢？譯師答道，自然是依照每一個修持法門的不同，每一尊本尊的不同來修持。阿底峽尊者並不同意譯師的見解，說：「不對的，絕對不是這樣子的。」修持的時候就算有百尊的本尊，本性還是一樣的，都是同樣的一尊佛，只不過有事續、行續、瑜伽續、無上瑜伽續的分別。這些分別是根據行者的根器與智慧大小的不同，才有了先後次

序。從體性上而言，修持的方法或本尊都是一樣的。一定要
先消除煩惱，藉由降伏煩惱，讓我執得到調服；制服了我執
之後，就能夠順利地生起世俗的菩提心。

有了世俗菩提心，就能遠離像貪嗔這樣的妄念。心沒有了貪
嗔，就如同水滌盡了混濁物後，清澈的一面就顯露出來了。
所以如果沒有世俗菩提心的話，即使能夠短暫地悟到勝義菩
提心，也是沒有用處的，因為心馬上又會再次被煩惱遮蔽。
所以世俗菩提心是非常重要的。藉由持續地修持，才能證得
究竟的佛果。

所以我們知道，世俗菩提心就能成辦一切，六波羅蜜可以對
治六種煩惱，藉由六波羅蜜的修持，我們就能徹見自心法身
的真面目。至於我們修持氣脈的話，在暫時的利益方面，我
們可以獲得長壽無病的成就，而究竟的利益上，可以親見自
身法身的面目。在六波羅蜜當中布施、持戒、忍辱，它們可
以讓我們獲得暫時的人天福報，而禪定與般若就可以讓我們
獲得究竟成佛，這五者的助伴就是精進，沒有精進的話什麼
都辦不成。就像岡波巴大師說的，即使病人去看醫生，把藥

塞滿整個房間，不吃藥的話，病還是不會好的。所以，六度
要去實修才是最重要的。

航行人海中

平常修持首要就是以六波羅蜜當作我們待人處事的根本，主
要的內容就是要互相生起清淨相，在行為上以六波羅蜜作為
準則。有些人以為六波羅蜜是給出家人修持的，其實不然，
每個人都可以按照自己的程度來修持六波羅蜜，過去在演講
中也曾經講解，並且已經成書了，各位可以參看。不管是單
身，或是有家庭的人，對自己或他人都要抱持著「他們就是
本尊」的清淨觀，有這樣的觀點對誰都好，能夠心持悲憫之
心，就是般若波羅蜜多了。在台灣印製的《佛子行37頌》，
已經傳到大陸深圳了，裡面提到我在獄中二十年這段。有些
人告訴我這樣是很不好的，但這是事實，我並沒有說謊，並
沒有捏造被關的事實。

個人自認沒有任何學問，但一直都抱持著善心，只想利益他

人。所以我認為我講的話只要不違犯佛語和三寶，一切我都敢說，無需畏懼害怕。有人說話怕遭反對，怕有不同的意見。例如格魯派的宗派之見，被薩迦派反駁，薩迦派的見解，格魯派又不同意，這樣你來我往，很多人只是在看熱鬧，沒有把握重點。其實只要是我認為沒有違犯三寶的，都會據實回答，要是不懂的，我也會說我就是真的不懂。

你來我往的爭辯，有時就像是密勒日巴所說的：如果不懂增長福德的方便法門，千萬不要去爭奪別人的供養。比如我手中這個「見即解脫」的名牌，一個造價要五塊半，它是經由大家集資，才製作而成的，它的功德利益就是讓所有看到的眾生都能夠解脫，不墮入三惡道。能夠讓一個人不墮三惡道，所有出資供養的人一同獲得福德。若是它能遍及整個世界的話，所有的人都會因為看見這個而縮小了嗔心，生起了悲憫的心。這樣大家就能獲得利益，而且生生世世都能獲得利益，這就是菩提心的利益。懂得這個道理，我們會愛它比愛黃金還要多得多。

有個例子能說明「見即解脫」的利益。德國有一個老太太之

前獲得了「見即解脫」的名牌，她一直當作胸針別在身上，有一天針掉了下來，她就把牌子黏在國徽上。有一天她請我再給她一個，因為黏在國徽上是很危險的，會因觸法而被拘禁！但是她因為知道別著它的利益無窮，所以寧願觸犯法律。這位女士顯然完全理解菩提心帶來的好處，它超越了國家、此生。

燒去煩惱的木材

我們不管是觀修氣脈、或是生起次第、還是唸誦，主要調服的對象，都不脫心中的煩惱。調服煩惱的是智慧，悲心才能生出智慧。有慈悲心、菩提心的人，心中的貪、嗔、癡必定非常微小。

另一方面，我們之所以要修氣脈，原因就是因為心氣各走各的，沒有一體。心是菩提心，如果心氣能夠一體，不只是自己有菩提心，也可以為周遭帶來快樂。有我執、五毒煩惱就讓心不清淨。清淨的心就是菩提心，就是五大智慧，可以除

掉五種煩惱。當心氣合體時，就是有菩提心，一切不淨的妖
魔都可以變成佛。要有這樣的想法，我們的文武百尊就可以
看成這樣的現象，心氣修好的話，將看到一切都是佛。

我們有煩惱，就像木材一般，而心中的正念或智慧就像是
火，正念的智慧可以燒去煩惱的木材。換句話說，心中的智
慧可以去除心所造作的煩惱，煩惱就是貪、嗔、癡，不認識
心的自性時，嗔恨心才會能在我們挨罵、受氣時產生，一旦
認識心的自性，心的自性就是佛性，佛性開顯的時候，心中
的一切貪、嗔、癡都會消除的。

我的顛倒夢想

●錯解那洛六法

那洛六法是極其嚴格禁止外傳的教法，幾乎都是秘密修持。
為什麼呢？如同其他許許多多教法，因為廣大而深奧，沒有
上師指導、引導，自行修持的話，會犯下學佛路上的錯誤。

這些錯誤大致可以分成三種：第一種是無法理解；第二種是顛倒的理解；第三種是概略地理解。因為這三種錯誤的理解，會產生修持上的錯誤。

所謂的「無法理解」，是指一般愚癡的眾生，未能理解罪業的過患和善業的功德，對這一切都是蒙昧無知的。至於「顛倒的理解」，是因為一些教派對實相並不理解的緣故。比方說，雖然過去已經有恆河沙數菩薩的示現，依然有許多錯謬的宗教或教義產生。以現代的現象為例，有些宗教描繪他們的教義，主張一手拿著經典，一手拿著刀，他們的理解是說如果有誰對他們的教義不接受，或是排斥的話，就要砍死那個人。這樣的解讀並不正確，他們應該將這樣的象徵理解成如文殊菩薩一般，以智慧之劍降伏自己內在的無明。殺人並不能解決事情，要能降伏內心的煩惱才是有用的。像手持經典殺人的見解就稱為顛倒的理解。

佛教裡也有類似的例子。例如佛經當中佛陀曾說，要讓一切輪迴的眾生得到解脫。解脫的意思，直譯有誅殺的意思，也就是要誅殺輪迴中的一切眾生。見識不清、理解不明的話，就不會

那洛六法：那洛巴傳授的六種修持方法。	
拙火瑜伽	依靠輪、氣、明點生出拙火。藉拙火的力量，徹底焚燬八識田中的業種，體驗心氣合一，實證法身。
明光瑜伽	睡眠中能夠自我辨識、覺性自主的狀態，甚至在沈睡時還能維持完整的洞察力，這就叫作明光瑜伽成就。
睡夢瑜伽	夢中知夢，且能以心轉化夢境，體驗白晝醒著與夜間作夢沒有差別，一切如幻、一切皆夢。
幻身瑜伽	明白和體驗到世界和自身都像鏡像、幻影一般。
遷識瑜伽	能夠遷移自他的神識出入這個身體，臨終時甚至把心識直接送往淨土。
中陰瑜伽	中陰的意思就是「在兩者之間」。有生有、睡夢、禪定、臨終、法性、投生等六種不同的中陰，最常討論的是從死亡到來世的臨終中陰、法性中陰和投生中陰。這三種中陰瑜伽是讓人熟悉死亡的歷程，好投生善處甚至直達淨土。

解釋成要讓輪迴的眾生得到解脫，而誤以為要殺盡輪迴中的一切眾生，才是佛陀的教義。其實佛陀所指的誅殺，是要誅殺眾生心中的我執，如果心能夠遠離我執的話，就能夠從輪迴當中得到解脫。未能理解到輪迴就像夢境，沒有達到這樣程度的話，就是所謂顛倒的理解。

又比方說，輪迴當中的痛苦，追根究柢是因為我們貪戀自己，才會嗔恨他人。對於怨敵生起嗔恨心，是不管什麼人都會有的狀況，但是如果佛告訴我們，我們所執著嗔恨的敵人呢，其實前世是我們的父母，我們又要怎麼想呢？佛是遍知三世，窮未來一切的人，因此我們就會對佛陀這樣的一句話，理解到自己的敵人其實是前世的父母。這時候別說是放下嗔恨心了，我們會立刻生起慈愛之心，後悔自己竟然如此愚蠢，對於前世的父母產生了這樣的嗔恨心。

所謂「概略的理解」，或部分的理解，就是某些宗派對於持戒會得到人身，布施會得到資財，忍辱會得到長壽或面容姣好，這類福報的因果關係是他們是理解的，他們所不能理解或接受的是「眾生也能成佛」，他們認為：眾生永遠是

眾生，佛永遠是佛，眾生永遠都不可能轉化成為佛。但是佛教並不是這麼教的。佛教認為一切的眾生本來是佛，只是因為客塵突然生起而遮蔽，能除此無明則是佛現前。這是我們的見解，但是外道卻不是這樣。外道會說，佛教的這些上師們，說起來都非常動聽，實際做的又是另一套。比如說經常滿口慈愛，往往卻互相攻擊。

面對種種的批評，我們要想：他們是對的！所以我們要時時刻刻保持自心的清淨，這樣才能夠讓自己真正地將批評轉化成動力。

●你一宗、我一派？

多年來我的教導重點，就是要觀修菩提心，始終如一。其他上師也講這些法，甚至講得更好，那是因為他們曾經研讀過經典、學問淵博，可以宣講種種的法門。至於我則是不太擅長講經說法，也沒有什麼東西可以講。講說的依據就是個人不算很特別的修持經驗，向各位報告。此外，跟各位講說的另一個重點，是我們對於宗派不要有任何歧

見，對上師不要有信心上的分別。這是我一直以來，不斷反覆強調的。

如夢幻身

那洛六法的口訣，觀修的目的就是為了去除我執。首先，先觀修猛烈大火，也就是拙火，藉由拙火的修持加持自己身上的脈絡。再來是修持所謂的睡夢，藉以達到夢中與白天的景象沒有任何分別。然後是修持幻身，幻身則是證悟輪涅無別的方便法門。因為我們對此世的執著，一切都當作實際存在的，這種執著會將我們束縛在輪迴當中。

佛說這一生就像是作夢般的虛幻，但許多人不了解這個道理，認為世間一切是如此真實，怎會是虛假的呢？其實佛陀的意思是說，從我們出娘胎一直到死亡的這段期間，就像是一場夢，當我們死亡之後，脫離身體的神識，或者是心，即稱為幻身。幻身在它自己的境界中，也有它執著為真實的景象，就像我們作夢時也以為夢境是真實的，從未覺察夢境的

虛假，直到醒來才發現夢是心造作的。由此我們可以發現世間的一切也是虛假的。

所以各位在修持上，要知道不論何種修持方法，都是要降伏心中的煩惱。我們的心要抱持這樣的觀念，不管是生起次第、觀修氣脈，或任何修持都是可以的。我們未來要證得的目標，就是佛陀的法報化三身。

身體中的公路

現代的資訊發達，我們知道世界上有很多鍛鍊身體的方式。不論是科學方法或印度瑜伽，它們都有一定的成果，所以有很多人在學習。以印度瑜伽來說，對於身體脈絡分佈非常清楚，但是它和佛教是不同的。我們要是能在做印度瑜伽的時候，融入對本尊的觀想，也是可以的。

其實我們整個身體，布滿毛細孔，它是非常透澈的，可以讓氣流穿透。我們應該去除對身體的執著，只要去掉身體的執

著，不管觀修任何法門都會變得容易。

●氣、脈、輪

因此，為了能夠成熟身體的緣故，我們必須接受氣脈明點在實相上的指引。首先必須知道：身體在基位上來說是非常清淨的。每個人的身體有二十多萬脈，歸納起來有三脈四輪，來總括身體一切的脈。三脈指的是中脈以及左右二脈。三脈的狀況，中脈的口向梵穴上打開；左右二脈則是彎曲到左右兩邊鼻孔的位置。

我們先要介紹脈，身體有很多的脈，身體所有的脈的根源就是中脈，由中脈引伸出所有身體的脈，中脈的上端到頭頂百會穴，下端到生殖器。四輪是頂輪、喉輪、心輪、密輪。

我們在修持之前，首先要對脈絡分佈的狀況有深入且確切的瞭解，要能確實瞭解「三脈四輪」的分佈與數目上的差別。比如說左右二脈分別是紅色白色，中脈是白裡透紅或紅裡透白的顏色，我們都要清楚知道。這些內容可以去參看相關圖

案，幫助我們觀想。基本上脈輪就像一把打開的傘，大樂輪在頭頂，受用輪，也作喉輪，它是在喉間。大樂輪是像打開的雨傘，脈絡是朝下的，喉輪是倒過來的雨傘，脈絡朝上。心間的法輪與臍間的臍輪或化輪也是如此。心間是脈絡向下，臍輪是倒過來的傘，脈絡朝上。不管是何種觀修方法，所有的氣只要能夠進到中脈裡面，不論甘露下降，或是觀修氣脈也好，要知道這一切都可以清淨我們的業障。我們能夠清晰地觀想出脈絡形象的話，日後我們就可以在剎那間清晰地把脈絡觀想出來。只要一持氣，整個氣就能經由中脈充滿全身的脈絡。這一切都有賴平常的修持。

因為中脈引伸出身體所有脈，所以要修中脈，修持的時候要心氣一起進入中脈，若心氣合一地進入中脈的話，心氣就會再由中脈延伸遍佈到身體各處去。

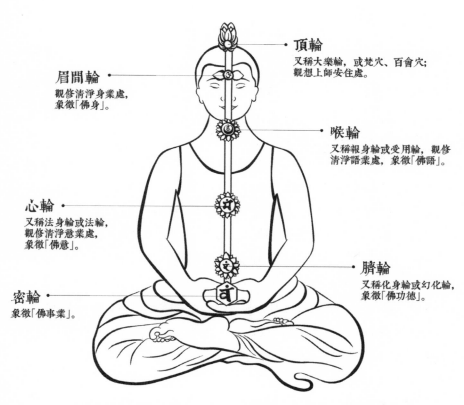

頂輪
又稱大樂輪，或梵穴、百會穴；
觀想上師安住處。

眉間輪
觀修清淨身業處，
象徵「佛身」。

喉輪
又稱報身輪或受用輪，觀修
清淨語業處，象徵「佛語」。

心輪
又稱法身輪或法輪，
觀修清淨意業處，
象徵「佛意」。

臍輪
又稱化身輪或幻化輪，
象徵「佛功德」。

密輪
象徵「佛事業」。

註：第七輪為在生殖器的『寶輪』。仁波切指示，那是不同的修法，此處不必標示。

脈輪圖

每個人的身體有二十多萬脈，所有脈的根源是中脈，形如中空直管，粗細如無名指，中
脈上有七個脈輪，是藏密氣脈初步主要觀修點。

●四輪

身體有四輪，它們分別是頭頂的大樂輪，喉間的報身輪，也叫受用輪，心間的法身輪，或叫法輪，臍間的化身輪，或是幻化輪。至於第五個輪則是在密輪，傳統上常密而不宣，故稱密輪，所以我們只稱三脈四輪。這些脈輪本身就是有四個脈，然後四個脈的上端各延伸出兩個脈，兩個再出現兩個，就這樣會越來越多，構成全身的脈輪。頭頂的大樂輪總共有32個脈輪為主，它是由中脈向四方分出四條脈、再由這四條脈分出八條脈、再由八條分支成16條脈、再各自分支成32條脈，進一步分成更細的脈。喉間的報身輪則是四個脈交叉，然後各脈的上端分成兩個脈，再分兩個脈，總共16個脈，這是報身輪；心間的法身輪有八個脈；再來就是臍間的化身輪，共64個脈輪所成。

觀想時，以頭頂的大樂輪為例，我們只有觀想32脈成為一個大樂輪。光是耳朵上的脈就有六千萬條的脈；但我們不用觀想到那麼細微，只觀想32條脈即可。

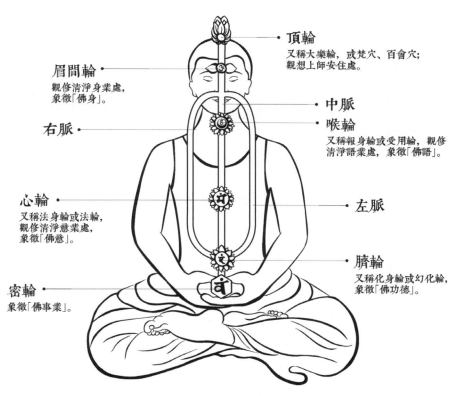

頂輪
又稱大樂輪，或梵穴、百會穴；
觀想上師安住處。

眉間輪
觀修清淨身業處，
象徵「佛身」。

中脈

右脈

喉輪
又稱報身輪或受用輪，觀修
清淨語業處，象徵「佛語」。

心輪
又稱法身輪或法輪，
觀修清淨意業處，
象徵「佛意」。

左脈

臍輪
又稱化身輪或幻化輪，
象徵「佛功德」。

密輪
象徵「佛事業」。

註：第七輪為挺在生殖器的『寶輪』。仁波切指示，那是不同的修法，此處不必標示。

三脈七輪圖

本書著重介紹三脈四輪，四輪指頂輪、喉輪、心輪、臍輪。脈輪本身就有四條脈，四條脈上端各延伸出兩條脈，兩條再出現兩個，就這樣會越來越多，構成全身的脈輪。頭頂的大樂輪主要的脈輪有32條。喉間的報身輪是16條，這是報身輪。眉間的法身輪有8條脈。臍間的化身輪，有64個脈輪。

●五種氣

五種氣		
持命氣	心輪	讓五種分支氣生起，控管感官的運作和注意力。
下行氣	下腹	使大小便、月經等開始或停止。
平行氣	臍輪	生起拙火。也是消化、分解食物、提煉營養供應全身。
上行氣	喉輪	讓人言語、品嚐、吞嚥食物；也使打嗝、吐口水等。
遍行氣	關節等	控制動作，如四肢伸直及彎曲，開關眼皮、嘴等。

在我們的身體裡，詳細來講有兩萬一千多股氣，歸納起來有五
種氣，它們分別是持命氣、上行氣、下行氣、遍行氣、平行氣
（中譯註）。這五種氣又與外界的五大相呼應，內五氣與外五大氣
互相通補。比如說，不退持的氣──平行氣，能夠恢復六識，

中譯註：五氣分別是持命氣（Prāṇa，又稱生命氣、命根氣）、下行氣
（Apāna，又稱下行摧破氣）、上行氣（Udāna，又稱通首氣）、
平行氣（Samāna，又名等住氣、等持氣）、遍行氣（梵文：
Vyāna，又名充斥氣）。括號中為梵文拼音。

也就是眼、耳、鼻、舌、身、意等六識的功能。換句話說，如果沒有平行氣，六識退持的話，人就沒有辦法存活下來；持平行氣，也是能夠恢復六識的修法。當我們持氣時，是藉由外界的氣修補體內的氣。外界的五種氣又稱為五方佛母，它們也與許多的事物呼應而顯現出來：如五光、五寶等，皆是內外互相呼應的。現在我們每個人身體，都有種種的疾病與痛苦，它們都來自我們心中的煩惱。佛經上說：「欲知前世因，今生受者是。」即便如此，我們還是經由煩惱，不斷地在造作許多惡業。這些煩惱都寄居在我執當中，我們有煩惱的緣故，所以才會四大不調，產生了種種的病痛。

我們體內有三種成分：氣（又稱風）、膽、涎液（又稱痰），它們就是貪、瞋、癡的顯現。氣、膽、涎液又可稱為三界，氣界即是我們心中的貪念，膽界即是我們心中的瞋恨，涎液則是我們心中的愚癡。藉由這三毒演化成五種煩惱，最後衍伸成八萬四千種煩惱。

如果瞋恨心強烈的人，心如火燄，便會造成水火不調；如果貪欲心強烈的人，心如結冰的水性；如果愚癡心強烈的人，

心如水與土混和的泥巴一般，既非水也非土。三毒使人身產
生種種的病痛。人類也因此可分成三種：貪欲強者屬於氣
類、瞋恨心強者屬於膽類、愚癡心強者屬於涎液類。

●五大與觀想氣息

五大類的氣就是地、水、火、風、空，它們也有五大佛母的
意思，各具有不同顏色，一共是紅、白、黃 綠、藍五色。我
們吸氣的時候，觀想五種顏色捲在一起吸進來，經由兩個鼻
孔吸入之後，進入左右脈，由臍輪進入中脈，然後五色氣先
充滿在頂輪，再來是喉輪、心輪、臍輪等四輪，它們充滿了
五色氣。這時等於身體的脈，都有飽足的氣，所有的毛細孔
都充滿了氣，我們再來閉氣。

●脈輪與觀想

所謂觀想上的清晰與不清晰，指的是左右二脈的尾端，這是
與中脈互相聯繫的。當我們在觀想的時候，要觀想左右二脈
的氣灌入到中脈裡面。中脈充滿了氣，遍滿全身的脈絡，全

身都受到滋潤生長，就像枯萎的草，得到雨水的滋潤而生機
蓬勃。

脈又分為清淨與不清淨的。中脈是屬於清淨脈，如果我們的
心氣能夠安住在中脈裡面的話，就能遏阻心中的煩惱與妄念
的生起。所以，我們都要在「心氣能入中脈」這個目標上努
力。

在觀修的時候，我們必須一直重複觀想這些脈絡，觀想氣進
入中脈，心必須放在空性、大手印上面，這樣我們就能持住
氣。持氣時，身體中的脈絡就像被吹足了氣一般，非常地飽
滿，呼出氣時，脈就變得中空沒有殘留。

身體是個皮袋

我們自心所有的氣、脈、明點就是三身的種子，那洛六法也
是以這樣的原則，來當作修持依據的。因此，我們身心修持
上所獲得的成果，脈就是化身，氣就是報身，明點就是法

身。

為什麼我們有這樣的說法呢？為何脈屬於化身？身體是由脈絡所化成，由五大所形成，五大就是五佛母的自心。這也就是灌頂的時候，我們之所以將身心化為五方佛父母的緣故。這是在告訴我們，內外的情器世界以及眾生，都是清淨的。這只是將清淨卻誤以為污穢的心態，轉回來的一種指引而已。因此，我們可以知道，身體屬於三根本當中的本尊，屬於三身當中的化身。至於語和氣脈明點中的氣，我們的語，需要藉由氣才能發出唸誦的作用。氣屬於空行，本質與體性上來說，氣與語是一樣的；在三身當中屬於報身。至於意，相當於三身當中的法身，因為我們的心即是上師的緣故。

以法、報、化三身來說，我們的身體是屬於化身；以三根本來說是本尊。兩者的差別，就在於成熟與未成熟之間。當我們的心尚未成熟時，身體就是所謂的化身，當我們成熟自心時，身體就會轉化為本尊，它在基位上原本是清淨的。因為我們執實性非常嚴重的緣故，無法親見自心，必須藉由釋迦牟尼佛化身的示現，才能來對治我們對自他的執著。

透過實修可以明白氣、脈、明點以及與法身、報身、化身的
關係，我們就會知道身體的明點可以產生大樂，能將大樂用
慈悲化為報身，就可以得到成就。當然，這是那洛六法的修
法，修那洛六法需要跟隨一位有道德、境界、有著豐富經驗
的上師學習，而且自己要克服許多困難，學那洛六法並沒有
那麼容易。

那洛六法是大法，要先能非常清楚地瞭解它本身的意義，而
且要有修持過那洛六法、有經驗的成就者來講解，然後再自
己修持的話，才可以得到成就。因為那洛六法是大法，受限
於時間的關係，所以我們只能介紹氣、脈的修法。氣脈的修
法是吉天頌恭所說：「任何人都可以修持的。」任何人都可
以藉著修持氣脈，得到延長壽命、消除障礙，或是開啟智慧
等等的功德利益。

雖說如此，氣脈還是有允許自行修持與不允許自行修持兩
種。不允許修的是那洛六法正行裡的氣脈，它要先經過有相
當好修持的上師引導才可以修，需有豐富經驗的上師教導，
自己再用功地精進修持。至於可自行修持的，如果按照本書

講授的吸氣吐氣修法，慢慢地修就好。不需要用力去吸吐，吸氣之後進入中脈，中脈像大樹一般，延伸到身體各個脈當中。比如說我們耳朵也有很多的脈，我們吸入的氣也可以進入其中，吸入的氣充滿在身體裡，然後閉氣到臍中，毛細孔散佈所有的氣。如此來觀修氣。

按部就班地來修氣，不需要同時修完所有的步驟。要先將身體的脈，觀想得清清楚楚。再觀想氣吸入，然後閉氣。氣修好之後，將自己的氣融入臍間的火苗，這三個步驟：修脈、修氣、修火，一步一步來，不要一開始就混在一起修持。

第二章

讓我們一起練習

藏密氣功實修

• 脊椎挺直。

• 全身放鬆。

持氣，
小腹自然內收。 •

• 可雙手上下交疊，持定印；
　或兩手掌向下平放膝蓋上。

吸氣提肛， •
呼氣要鬆。

• 兩腳最好能雙盤作金剛跏趺坐，
　若不行，以平穩舒服為原則。

禪修坐姿

　進行實際藏密氣功練習前，要先準備「身要」，以七支坐法或禪修坐姿進行，脊椎挺
直、全身放鬆，舒服為原則。

吸氣、住氣、呼氣。拙火與本心的智慧是一體的，
它燒掉自心所生的雜念、分別識。

預備動作

接下來我們來做氣功的練習。如同禪修的練習，氣功的練習
也要從調身、調氣、調心的準備工夫開始。

●準備禪修坐姿

雙腳最好金剛跏趺座，如果無法金剛跏趺座，重點就是脊椎
骨一定要正直，坐法以舒服為原則就可以了，不特別勉強單
盤或雙盤。持氣時很容易產生一項過失，就是持氣之後小腹
變大，在臺灣也是種忌諱，它是因為氣壓迫臍下腹部造成
的。持氣時最好要內收下行氣，也就是肛門內縮，同時把小
腹自然向內收。這樣子修持是比較好的方式。（如左頁圖）

●皈依、發心

前面已經大致介紹了氣脈、坐姿、調氣息等等。現在可以進
入下一個階段。各位在平常修持時，不管是將自己觀想成本
尊，或觀想氣脈，一開始一定要皈依與發心，這是必要的前

行修持。先皈依與發菩提心，才能得到諸佛的加持。

修氣功的時間，最好在天色已白、太陽尚未出來的時候。觀想諸佛菩薩在陽光中，顯現在我們正前方宛如五色彩虹。皈依之後將自己觀想成為本尊；本尊當中最適合修氣功的就是金剛亥母，以亥母的形象生起本尊慢（編註一）之後，就可以開始修持氣脈。

●九節佛風

持氣時的姿勢，最重要的是脊椎必須要挺直。然後，我們可以先觀修九節佛風。首先是按住左鼻孔、由右鼻孔吸氣、再強力呼氣三遍，然後按住右鼻孔由左邊鼻孔吸氣、再強力呼氣，也是三遍。然後，兩邊的鼻孔一起吸氣再一起強力呼氣，也是三遍；這樣總共是九遍，稱之為九節佛風。

觀想所有佛菩薩的加持，都化現為五色的光彩，在吸氣的時候將所有佛菩薩的加持力都吸入體內。吸入之後，再觀想體

編註一 ：本尊慢，又稱佛慢，即生起「我心的本質，與金剛亥母無二無別」的確信。

右鼻孔吐氣三次，
腹部隨吸吐用力，
吐氣有力如箭。

以左手指按住左鼻孔。

舉左手。

右手放右膝蓋。

【圖一】

九節佛風圖

在禪修或氣脈修持之前，
先修九節佛風，可讓身心
更清新專注。修持前要先
脊椎挺直、全身放鬆。

以右手指按住右鼻孔。

左鼻孔吐氣三次，
腹部隨吸吐用力，
吐氣有力如箭。

舉右手。

左手放左膝蓋。

【圖二】

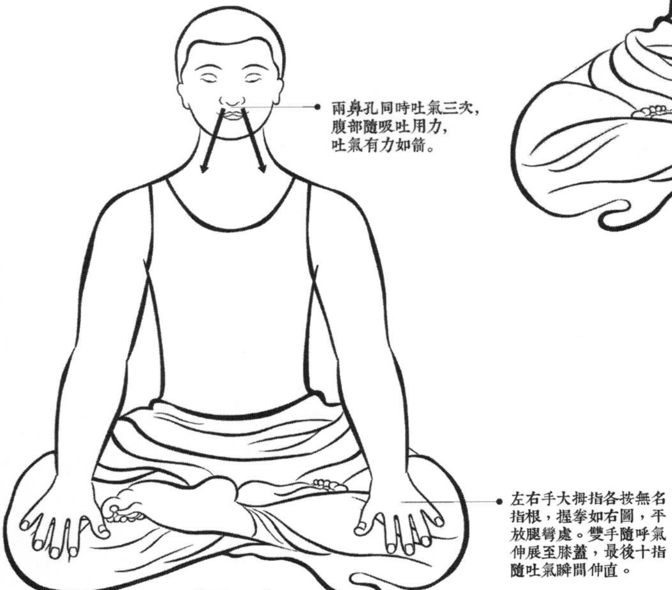

兩鼻孔同時吐氣三次，
腹部隨吸吐用力，
吐氣有力如箭。

左右手大拇指各按無名
指根，握拳如右圖，平
放腿彎處。雙手隨呼氣
伸展至膝蓋，最後十指
隨吐氣瞬間伸直。

【圖三】

兩鼻孔吸吐前，雙手掌先
以大拇指按無名指根、其
餘四指再握大拇指成拳。

內的所有污穢，聚集在中脈的尾端，當氣呼出時隨之呼到體
外。如此先觀想個數週，這樣對初學者是比較好的訓練。

正式開始：心氣一體的修持

修氣的重點，就是心氣一體的修持。可分為三個步驟，分別
是修脈、修氣、修火。

心氣一體

修氣脈最主要就是心氣一體。氣像馬，心像人，馬的上面騎著人，可以順利辦成很多事
情，要是馬與人個別分開的話，什麼也做不成。

●步驟一：修脈

先觀想身體當中的中脈，上端到頭頂，下端到密處；再來就是觀想右脈左脈，由自己的鼻孔向下延伸，左右脈的上端就是在鼻孔，經過臍輪的下端進入中脈當中，如此觀修三脈。

修脈的觀想

先清楚觀想三脈，再由鼻孔吸氣，經二脈入中脈：

1.中脈：身體當中的中脈，上端到頭頂，下端到生殖器。中空正直，紅中透白、白中透紅。

2.左右二脈：再來就是觀想右脈左脈，左右脈的上端在鼻孔，下端由臍輪進入中脈。右脈白色，左脈紅色。

3.二脈氣入中脈：由鼻孔吸入五色氣，經左右兩脈向下，經過臍輪，匯集進入中脈當中，上升至頂輪，如此觀修三脈。

4.請接著按第56頁的步驟二「修氣」，依57頁的圖，讓上升的氣，逐次一輪一輪往下吸滿。

●步驟二：修氣

左右二脈的氣，經由臍輪入中脈後向上。氣有五大類，有地、水、火、風、空五大類自然的氣。觀想五大精華的氣，以五色光的形式隨氣由鼻吸入左右二脈，再進入中脈，到頭頂的頂輪滿氣。頂輪滿氣後再來就是喉輪，再來就是心輪，再來就是臍輪，最後就是密輪，氣都要滿滿的。

氣吸進來之後，要閉氣到肚臍下，在臍輪與密輪之間，觀想一個小小的火。然後把氣閉在肚臍下，這小小的火有暖氣，會有產生熱能的功效，配合心中默念嗡、啊、吽，慢慢吸吐。那洛六法裡有快速或用力地吸氣或呼氣，我們現在這裡不需要用力或快速吸氣，只要慢慢吸氣。等到四輪都滿氣之後，將氣閉氣在這裡。

修氣時吸吐均需輕柔，閉氣時依個人能力自然持氣即可，不可勉強憋氣，鬆開時自然讓氣呼出，身勿動搖，依然保持放鬆挺直。

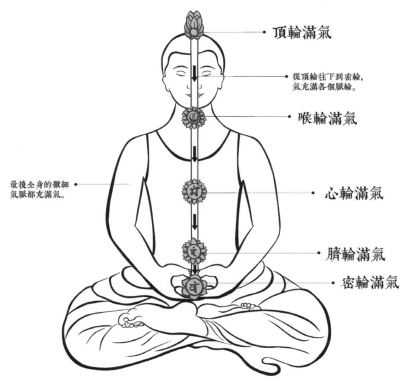

圖中標示：
- 頂輪滿氣
- 從頂輪往下到密輪，氣充滿各個脈輪。
- 喉輪滿氣
- 最後全身的微細氣脈都充滿氣。
- 心輪滿氣
- 臍輪滿氣
- 密輪滿氣

註：第七輪為挺生殖器的『寶輪』。仁波切指示，那是不同的修法，此處不必標示。

修氣

1.氣由左右二脈經臍輪入中脈後上升，先到頭頂的頂輪滿氣，再來就是喉輪、心輪、臍輪，最後就是密輪，氣都要滿滿的。中脈各輪依序往下吸飽氣，氣切勿只集中在頭部或心輪。
2.各輪都滿氣之後，氣吸進來，閉氣在臍下，觀想臍間有一小小的火。
3.自然閉氣即可，不可硬撐，以免岔氣。氣呼出時，保持自然輕柔，身體依然放鬆正直，勿亂動搖。

●步驟三：修火

先要修脈，修好之後再修氣，再觀修臍下這裡小小的火，讓
火與氣變成一體，然後定下來。

修嗡啊吽金剛誦氣之前要先修好脈，就是已解說過的，先觀
想身體的三脈。接著修氣，吸氣進來，氣進入中脈，到達頂
輪滿氣，自然其他一切都滿氣，這樣先修一個禮拜左右。氣
入頂輪、喉輪、心輪、臍輪，四輪都充滿了氣。四輪的氣飽
滿之後，閉氣在臍輪，先修一個禮拜。再來就是隨著嗡字，
將氣吸進來，啊就將氣熔入臍輪小小的火當中，定住。再以
吽吐氣，心中觀想濁氣吐出去，而氣的精華部分保留在臍間
的火中。也就是一半的濁氣呼出去，另一半精華的氣熔入臍
間的火。

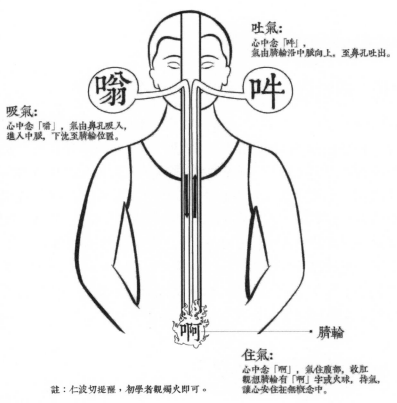

吐氣：
心中念「吽」，
氣由臍輪沿中脈向上，至鼻孔吐出。

吸氣：
心中念「嗡」，氣由鼻孔吸入，
進入中脈，下沈至臍輪位置。

住氣：
心中念「啊」，氣住腹部，收肛
觀想臍輪有「啊」字或火球，持氣，
讓心安住在無概念中。

臍輪

註：仁波切提醒，初學者觀燭火即可。

修火

1. 隨著心中默念嗡字，以兩鼻孔同時將氣吸進來。
2. 心中默念啊字，就將氣熔入臍輪小小的火當中，定住。
3. 心中默念吽字以兩鼻孔同時吐氣，心中觀想濁氣吐出去，氣的精華部分保留在臍間的火中。也就是一半的濁氣呼出去，另一半精華的氣熔入臍間的火。

重點練習時間

●持氣觀火

修氣時，我們可以持寶瓶氣。先修「九節佛風」，淨化身體能量。觀想在臍下四指的部位，觀想一團火球，或是在自己臍輪的位置的部位，觀想一個紅色的火球，大約是在臍輪與密輪之間之間，至於脈輪都先不需要觀想。火球體性上是火，外相上不見得要有實體，就是類似火球的形狀即可。這一團火也就是眾生得到身體之後，一直都在這裡的。這團火是大樂的示現、金剛亥母的體性，也就是拙火、體熱。觀想自己的身體像淨空之後的水晶瓶一般，內外透徹分明沒有任何東西，對自己的身體不需要特別去想存在或不存在，有或是無。

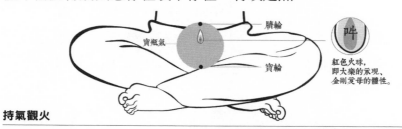

臍輪

寶瓶氣

密輪

吽

紅色火球，
即大樂的示現、
金剛亥母的體性。

持氣觀火

此項修持前要先修「九節佛風」。在肚臍或臍下四指密輪的部位，觀想一團火球。這團火是大樂的示現、金剛亥母的體性，也就是拙火、體熱。仁波切切指示，初學者觀燭火即可。

●上下氣和合

持寶瓶氣的時候，要將尿道與肛門之氣，提升到與寶瓶氣相合來持氣，這就是將下氣與上氣和合為一。一樣要先修「九節佛風」淨化身體。下氣要怎樣去持呢？講得簡單點就是縮肛，而上氣就是我們吸入之後呢，壓制在臍下的部位，但我們不用將小腹鼓起來，而是小腹往內縮，這樣上下兩氣就可以和合在一起。持氣（編註二）時並觀想氣充滿全身各個毛細孔。按照自己的能力持氣，先半分鐘或一分鐘，再慢慢延伸成兩分鐘，這樣逐步地來做持氣訓練。

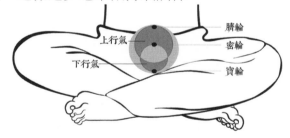

臍輪
上行氣 ——
密輪
下行氣 ——
寶輪

上下氣和合

此項修持前要先修「九節佛風」。把上下氣合而為一，也就是持寶瓶氣的時候，將尿道與肛門之氣，提升到與寶瓶氣相合來持氣。

編註二 ：持氣，指讓由鼻吸入而沈至臍下的上行氣，與提肛的下行氣，在腹部合一，這樣保持一段時間。

●寶瓶氣

修氣脈最主要的功課，就是以寶瓶氣持在臍輪與密輪之間的
部位。一直到我們能夠圓滿地持寶瓶氣之前，都不需要去作
任何其他的三脈四輪的觀想。我們全身的脈絡都佈滿了本尊
佛菩薩，所以稱為人身寶。臍下腹部的部位類似國家的首
都，是最重要的部分，所以我們觀修臍下是重要的功課。能
圓滿地在臍下腹部持寶瓶氣之後，在平時就常常觀想三脈四
輪的分佈。

●金剛誦氣

先修「九節佛風」，再觀想嗡啊吽三種字練習「吸氣」、「住
氣」、「呼氣」，這個住氣的啊，安住的時間有長有短，就算
是非常短促也沒有關係。將氣呼出的時候，吽的聲音就出來
了。除此之後，顏色形狀都不需要特地去想，嗡阿吽這三個
字都不需要特地去想，只要心中或氣息有這樣的聲音即可。
當我們熟悉之後，氣息自然會變得比較長。基本上不管作什
麼樣的修持，都是看有沒有熟練而已。熟練的人對身體會有

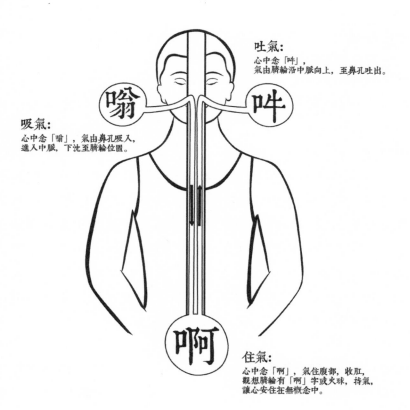

吐氣：
心中念「吽」，
氣由臍輪沿中脈向上，至鼻孔吐出。

吸氣：
心中念「嗡」，氣由鼻孔吸入，
進入中脈，下沈至臍輪位置。

住氣：
心中念「啊」，氣住腹部，收肛，
觀想臍輪有「啊」字或火球，持氣，
讓心安住在無概念中。

三種子字修氣

先修「九節佛風」淨化身體，再結合嗡、啊、吽三種子字練氣。兩鼻孔吸氣時，觀想「嗡」；氣進來之後觀想「啊」，由臍輪發出；兩鼻孔呼出時觀想「吽」。

空淨的感覺，能夠在一剎那間作出本尊的觀想；但不熟悉的人就還會有血、肉、氣息的觀感。

我們如果能夠在一座的觀修，可以保持稍微長一點時間作觀的禪修，有這樣的功夫之後，就可以修持止觀雙運。藉由止觀雙運的修持，漸次地隨著我們的注意力，在任何一件事項上觀修，我們的心都能完全專注在那個點上。到達這樣的境界之後，我們再來觀修金剛誦氣，這時會因為之前已經有良好基礎的緣故，將氣吸進來時，嗡種子字就是非常自然地進來了。啊的時候我們要觀想身體所有的氣都進入了火球中。基本上火與風是相互關連的，所以氣吸進來的時候，如同風助火勢，火球的亮度會增加，力量也會增加。在此時反觀自心，能在這個狀態保持多久就盡量保持。

經過一段較長時間的觀修後，我們才下座。像這樣的觀修，一個禮拜應該還不會有什麼感覺。但是一個禮拜之後，應該會有一些暖熱的覺受出現（中譯註）。覺受出現之後，就不要忘記嗡啊吽的金剛誦氣。平時走路的時候，也必須記得吸氣、住氣、再呼氣。當然，我們的氣並沒有辦法一直安住在

臍下的部位，這沒有關係，它是用念力去控制的。每當到啊時，就觀想氣就入了臍下這個部位，這是靠念力控制的。當我們遇到緊急的事，或是太投入工作時，可能會忘記金剛誦氣。遇到這類情形，我們可以找回散亂的心，重返繼續金剛誦氣。

修持佛法的時候，其實我們運用氣脈修持是非常好的。有些人可能不是那麼會唸咒語，只要他們知道嗡啊吽的意義，其實一切精華都已經聚集在這三個字，一切諸佛身語意的精華，都在這三個字。比方說，我們在接受灌頂時，不管我們接受灌頂時的本尊、身體的顏色、手中的法器，它們有著怎麼不同的示現，身語意的種子字一定離不開這三個字。所以我們可以知道，所有的本尊的體性，它們沒有任何差別。像我們在一開始觀修生起次第時，會觀修皈依，以及發心的唸誦。如果我們一開始沒有皈依與發心的話，我們所觀修的生起次第、都會誤入歧途，產生錯誤的。

中譯註：出現暖熱的時間快慢，和個人原本的體質有關。病弱的人，可能很慢才會有暖熱感。

配合嗡啊吽修氣的時間，要在太陽尚未出來的清晨來修氣，太陽出來就不修了。其他日常時雖然是不觀修種子字，但是白天作任何事情時，心裡或口裡還是要念著嗡啊吽。要常常默念嗡啊吽，不用作任何觀想也可以默念。甚至晚上睡覺，也可以念誦嗡啊吽入睡。不論念任何咒的功德，與念嗡啊吽，其實是一樣的。

1.暖受

修持經過一段很長的時間之後，在臍間會產生熱氣。等到熱氣的覺受出現時，修什麼都可以成就。修脈與氣，首先觀想身體裡的三脈，之後是四輪滿氣，然後吸氣、閉氣。滿氣、閉氣即是修寶瓶氣。我們的身體當中，所有的毛細孔都可以讓氣散逸出去，身體像是虛空，氣的出入就像雲的來去一般，穿越虛空般身體，不會有什麼感覺。這樣修得很好之後，將氣熔入臍間的火球，閉氣定住，然後時常默念嗡啊吽修氣，身體就會逐漸產生熱能。

修氣以後，會在臍間產生熱能感。熱出現後，心與暖是一體

的，然後就可以用這個為基礎，來修持大手印、大圓滿。最重要的是，意念都保持在正知正念；熱出現以後要抱有一個念頭：在臍間讓心氣合為一體，這個念頭要清清楚楚。如此修持，長此以往就可以在肚臍下產生熱能，熱能出現的話，就等於已經得到修氣脈的初步成就。

2.五色彩虹氣

這些修好之後，觀想氣充滿在虛空中。就像地球上的樹木花草，都有氣的滋潤，得到氣的精華，土地吸收了氣以後，才會出現花草樹木。所以由虛空中所吸入的氣，觀想成五色的彩虹，再吸入身體。可以在臍間產生熱能，能夠上供諸佛，也可以運用身體裡彩虹般的氣，消除六道眾生一切的障礙。氣可以供養，也可以消除六道眾生的障礙、罪障。

3.以拙火化去煩惱

假如心中有痛苦的話，要想到我們心中的痛苦，是與眾生的

痛苦一體的。觀想自己和眾生的痛苦一體,用臍下拙火將痛苦燒掉,然後在當中定住,這樣一直修持的話,也可以消除一些痛苦。除了痛苦以外,若是有煩惱的話,也要作同樣的設想:心中的煩惱與眾生的煩惱是一體的,然後將自己和眾生的煩惱一同以臍下拙火化去。

輪迴就是苦海,苦海的源頭就是心中的分別識。世間的一切事物本來就不是真實的,是我們把它們執著成實實在在的,也就是執實。執實的緣故才會墮落輪迴,執實才會產生「我」,心中就有貪嗔癡,我們就墮入輪迴。所以我們要消除分別識,最重要的就是在產生任何分別識的時候,一定要用吸氣、住氣、定氣,用臍下拙火將分別識燒盡,這就不產生任何煩惱與痛苦,所以拙火與本心的智慧是一體的,用拙火來燒掉自心所生的雜念或分別識。

4.閉氣在臍間

吸氣、閉氣在臍間,修了很長的時間後,可以在臍間產生熱能。持續修持,熱終究會出現的。熱出現之後,才可以進行

觀想本尊等等的修法。在熱已出現在臍間之後，觀修可以得到成就。有些人的方法也許是修閉氣在心間，但在那洛六法裡面，我們就是閉氣在臍間。閉氣在臍間不但可以得到熱能，而且可以延壽，得到健康的身體，可以開智慧。

5.金剛誦調氣與調心（重點練習）

要慢慢吸氣，經過左右脈，然後再進入中脈，將身體裡充滿氣。當身體充滿氣就閉氣，當無法閉住氣時就吐氣，吐氣不要蠻強，慢慢地吐，不要用力，不要妄加用力。

這個時候不用作什麼觀想，只要配合嗡啊吽的吸氣（心中念嗡）、住氣（心中念啊）、吐氣（心中念吽），閉氣定住時就保持無概念，什麼都不想。

如果修習的時候出現雜念的話，就用嗡啊吽配合吸氣、住氣、吐氣。如果雜念不多的時候，可以不用嗡啊吽，只要自自然然地吸氣、住氣、吐氣即可。

6.心氣自在

這樣觀修的時候,我們必須要持著寶瓶氣。當我們能夠得到所謂「心氣自在」時,我們的心與氣將一同地流動。但我們沒有修持的時候呢,我們的心歸心、氣歸氣,我們的呼吸歸呼吸,則是自己產生著種種的妄念。心和氣兩者沒有辦法合一。想要合一,我們就必須藉由嗡啊吽金剛誦氣的觀想。熟練這樣的觀想後,隨著我們的注意力到哪裡,我們的氣就會到達那裡。因為氣與明點已經無二無別,隨著氣到哪裡,我們的明點就會到那裡。

7.從醒到睡,都持嗡啊吽

修氣脈最理想的時間,就是黎明清晨的時候。然後白天不管任何作息,都要默念嗡啊吽,念嗡啊吽可以保有熱氣,具有不讓熱氣散掉的功效。任何時候都要念嗡啊吽,甚至入睡也是。睡覺時右側臥入睡,跟晚上吃不吃飯都沒有關係,最好都要採取右側臥睡。口中唸誦嗡啊吽入睡,清晨一醒來就要想到嗡啊吽,就這樣要好好修持嗡啊吽。修得很好的話,能

夠清晨一醒來就想到嗡啊吽，這樣連夢境都可能會持誦著嗡啊吽。

我們修持的過程和目的，最重要的就是要心氣一體來修。修好之後可以得到心氣自在的成就，然後中脈就可以運用。我們不變的目標就是心氣自在。

心純意正，氣脈道即大手印

所有的經續在修持的時候，都會有內、外、密的三個次第，或是加上真如變成四個次第。四個次第又代表什麼呢？以內、外、密三種來講，就代表三身當中化身、報身、法身。至於真如所代表的智性身，又是指什麼呢？這個指的就是我們修持到最後的時候，會瞭解到法報化三身的體性，其實指的就是聚集在上師諸佛心意當中，遠離一切妄念的自心。也因此我們就知道，上師就是我們的心，也因此就是智性身。

不管是大手印見、大圓滿見，不管是哪一種法門，到最後所

證悟的都是自心，我們會知道一切的諸佛都源於自心，這也就是所謂自明勝義的實相，吉天頌恭曾說一偈：「佛陀上師與自心，若得了悟三無別，無作信心無作用。」意思是證悟到自心是空性時，連毫無造作的信心都不曉得要對誰來生起了。

觀修的整個過程中，都必須配合菩提心。我們必須知道：在六道輪迴當中的眾生，都和我們一樣有我執；要成佛，就必須做去除我執的修持。

當我們呼氣時，就是將我執、五毒，以及八萬四千種煩惱給呼出去；往內吸的時候，將諸佛菩薩的慈心、悲心、以虹彩、氣的狀態吸入體內。配合金剛念誦「嗡啊吽」也可以。吸氣的時候，觀想無量佛菩薩的加持，以無量的「嗡」字形象被我們吸入體內；「啊」住氣時，觀想所有的氣充滿自己的脈絡；呼氣時，觀想所有的污穢隨無量「吽」字呼出體外。

觀修本尊時，可以配合金剛念誦來修持。以金剛薩埵為例，

可以觀想頂上金剛薩埵所降淋的甘露，完全進到中脈，遍佈全身脈絡。觀想體內五臟六腑完全化空，身體像水晶瓶一般，內外透澈分明。

●練氣不忘慈悲心

持氣時，有世俗諦與勝義諦的區別與和合。世俗諦，要觀修慈心、悲心；勝義諦，則是自己的正念與不放逸的心。它們兩者要互相配合。觀修時，觀想心氣如紅白兩色繩子擰在一起般融合，氣與心便能夠得到自在。觀修時，將自己放在大手印入定的狀態，這是比較好的。

當我們將氣持在臍下腹部的時候，心是安樂的，也就是心是沒有妄念的。這樣的心就成為大手印狀態。心處在完全沒有妄念的情況下，就是大手印的顯現。用如此的方式修氣功的話，便可以明心見性。在我們持氣的時候，如果心能住於實相上，持氣可以長久些，若心無法安住的話，持氣不可能長久的。

臍下腹部有暖相出現，有熱的感覺出現之後，就要時時做觀修；日常生活行住坐臥，都要保持脊椎的正直，不要任意躺下或傾斜。另外如果站立時不靠著憑藉物，比較能夠使智慧明晰，也較容易持氣、方便修行。

在我們平常的行住坐臥，如果對氣已經有一點點熟練時，可以配合金剛誦氣「嗡啊吽」的觀修，以求得氣能夠更加熟練。氣往內吸時觀想「嗡」；氣進來之後觀想「啊」，由臍輪發出；呼出時觀想「吽」。這樣的觀想，有助於心能住於我們臍下腹部的部位。如此便能生起暖熱、心便能安住、氣便能進入中脈，心中的妄念與煩惱就會減少。如果我們對這樣的觀修稍加熟悉之後，便能時時在臍下腹部部位，觀想這股暖熱由中脈的底部往上升延伸，猶如暖爐一般。如此觀修之後，對於體內的寒證舒緩（編註三）會有所幫助。

接下來的觀修方法，是攝取氣的精華。我們要將外在五大的

編註三 ：寒證是中醫的用詞。簡單來說，就是受了寒邪，或是體內陽氣不
　　　　足時顯出的症候。通俗的情形是喜歡熱食、怕冷食等。

氣，與諸佛的加持觀想成五色虹光，或觀想成無數的五色
「嗡啊吽」。觀想所有五色的虹光，遍佈整個虛空。當我們
吸入的時候，我們觀想著五色的虹光，像是五條彩線，摔在
一起變成一束的彩繩般；由兩鼻孔吸入，整個身體就遍滿了
五大與五智。猶如經上所說，佛遍滿整個法界，諸佛即是法
界自身成就者。如果能夠理解到「佛就是法身」這樣的功
德，隨著我們的祈請，佛是遍佈在各處的。若各位看過密勒
日巴的傳記，可以明白密勒日巴說：「我遍佈於五大，若你
們向我祈請的話，我就出現在你們面前的虛空。」這五種氣
也就是五智的功德，吸入氣之後就持住在臍下腹部的部位。

●確信身心都是清淨的

基本上，我們在觀修氣脈時，要知道一切情器世界皆清淨，
這是很重要的。若能生起「情器即是清淨相」的見地，就具
備密乘的戒律。直貢噶舉裡面有一位祖師說：「理解顯有
即佛身，生起次第即圓滿；理解上師即法身，不二信心即
圓滿。」這就是說，如果我們知道一切情器世界都是佛的
法身，則一切密乘次第的修法，都是本來具足的。以身體為

例：我們的身體就是器世界，我們的心就是有情的眾生。經由這樣修持，會因個人根器的不同，產生不同的覺受：有人觀想氣脈明點之後，在觀想身體與「空」無二無別時，就會空了；有些人則是觀「有」，才能夠有些覺受。

當我們自己在持氣的時候，呼氣時要觀想：氣由身體所有的毛細孔呼出去，必須想到身體如化身一般虛假不實，身體只剩下脈絡而已。脈絡的材質，就如虹光形成的一般，沒有任何差別。當我們在一呼一吸之間，了悟身體其實跟虹光沒有差別。像這樣的思維，我們必須一直重複地做觀修。

如果能理解以上講授的內容，就能知道藉由氣的觀修可以證得佛身。就像祈請文：「命脈可證報身勤修持。」意思就是藉由氣脈的修持，能夠證得報身。藉由觀修氣脈，能夠熄滅自心中的習氣。不管是修持氣脈，或是生起次第，我們要能理解自心就像一面鏡子，可以隨自己的觀想而轉化。

另外，在觀修氣脈的時候，如果能將自己觀成金剛亥母的話，這是有需要，也非常好的。如果不是的話，也可以觀想

成自己的本尊，以本尊來做觀想。盡量不要用凡夫身來做觀想。可以這樣觀想的理由，是因我們的心中都有如來藏的緣故，所以都可以來做這樣的觀修。

●讓身體與世界結合

當我們在觀修氣脈的時候，必須瞭解：其實我們的心，它與外在的虛空是一體的。如果我們無法做到自觀為本尊，至少可以將身體想成遍滿脈絡的狀態，並且想到外在的虛空，與我們的身體是一體的。其實從實相上來說，我們的心本來就遍滿法界，遍滿虛空。只不過我們一直想到我、我，是我執阻隔了這樣的狀態。經由開示引導之後，我們知道心是空性，它本來就是遍滿虛空。藉由氣從毛細孔出來的觀修，可以慢慢地讓心與虛空融合。首先，我們盡量能讓心與身體這個房子做融合。

●住氣當下，心觀空性

修持氣脈的時候，最重要的是恆常地保持正知正念，不放逸

的心態。這樣不論我們心中產生任何妄念與煩惱時，都能反觀自心，察覺到它們。平時我們經常都是在放逸的狀態下，這是長久以來我們習以為常的。因此，剛開始反觀自心，對我們而言會比較困難。所以藉由氣脈的修持，能夠心氣合一的話，我們的心就能保持正知正念的覺知。一旦有妄念與煩惱，我們就能立刻察覺到。換句話說，修習氣脈，能讓我們的心保持在不放逸的狀態。因此，金剛誦氣是非常重要的。

以培養智慧來說，可以說是非常困難。一開始沒有辦法有太大的力量。就像那洛巴祖師對空行母尼古瑪說的：智慧的小火源，必須以正念覺知修習，讓它增長。這是指現在我們正念的覺知，它的力量是非常微小的。即使修持當中知道煩惱生起，我們還是沒有辦法調服它，還會隨著煩惱造惡業。但我們已經可以根據正念覺到微細的妄念產生。藉由持續不斷地觀修，培養正念覺知的火源，讓它日漸壯大。就像生火時，要先以小樹枝點火，慢慢等火勢增強，才再加上較粗大的枝條。當我們的智慧火日益強大時，所有的煩惱都可以燒毀了。因此在氣脈的觀修上面，我們越能精進地修持，就越能克服更多的煩惱。總之，修氣就是讓心安定下來的方便法門。

當我們剛開始觀修氣脈的時候，持氣的時間不宜太長，只要先作短時間的練習，持氣時間會逐漸自然增長。當我們熟練了，能夠用上行氣與下行氣和合作為修持的時候，在氣的安住當下，就要將心反觀空性，這才會使我們的心更加堅定，不向外散亂。氣觀修熟練後，住氣的時間就可以越來越長，甚至可能半個小時或一個小時只呼吸一次就夠了。比如岡波巴大師在一晝夜的時間，只需要呼吸兩次，白天呼吸一次，晚上呼吸一次。為什麼能夠這樣呢？這是因為心能夠安住的緣故。

現在對於初學者而言，所謂的大手印觀修，到底如何看待苦樂貪嗔呢？這一切我們可作類推，比如樂與空兩者是不二的，在座有些人可能已經有深入的瞭解，樂即是空，空即是樂，這兩者本來就是一體的，如果在產生樂的當下，心能不散亂地反觀空性的話，這樣自己的心能夠不被妄念斬斷，能夠安住在空性當下，也就是心能夠不去尋伺追尋，心也不跟著妄念去跑，這就是安住在空樂自性的當下。在觀修的時候不可能沒有妄念產生的，所謂無念，就是在妄念產生的時候，自己的心也不去作尋伺與追求，能夠安住在本地，這是

妄念與無念的差別。如此修行就算沒有妄念產生，那也沒有什麼稀奇的。

●閉關修

台灣有很多信徒都有心想修行，真正要修行佛法的話，在台灣就可以進行了。竹旺仁波切在這裡有很多的閉關中心，另外還有廣波多傑，他也是曾經修過閉關的上師，一個月不吃東西也照常修得很好，是很好的上師。還有我們這裡有正在閉關的許多上師，所以要修行佛法不需要跑去其他地方，不需要去西藏、印度，可以在自己的地方修佛法。尤其是在沒有佛法的地方，修一次佛法的話，它的功德是非常大的！真正要修行的人，不需要花錢跑去西藏、印度，在本地修對自己就有好處。台灣有閉關中心，還有廣波多傑等上師可以請教，大家都可以從中有所收獲。

真正修氣脈的話，就這樣閉關來修的話，是比較合於佛法的，對自己有好處。不然的話，是沒有辦法深入修習氣脈明點的。

氣脈道的進階修持

●四喜與四瑜伽

有些人也許會問，四喜與四瑜伽的關係是什麼呢？所謂的四瑜伽是指自己在經過大手印修持之後，能夠略微看到自己的心性，從開始到成佛的這段期間，這就叫四瑜伽的境界。如果說自心能夠安住，不需要特別的造作，用強迫的方法讓心安住下來，就不需要特別作觀修了。

我們就算在一剎那間，入平等定的打坐或修持，其中已經包括大手印四瑜伽的境界。反觀自心，當心向內觀的時候，就稱為「專一瑜伽」。在這樣反觀之後，妄念會一直顯現，自己也會看見妄念的顯現，但不給予任何尋伺與追求，像水不離波、浪不離海一樣的，完全又恢復到原來的住處時，就稱為「離戲瑜伽」。沒有妄念的當下，知道自己的心和外在的虛空沒有任何的差別，藉此知道眾生的心與佛的心，兩者融合成一位，就像虛空一般沒有任何阻隔，這就稱為「一味瑜伽」。能夠恆常地安住在這個境地，安住在這見地之後，心

就無所謂造作也不需要刻意去觀修，就叫做「無修瑜伽」。
以上就是四瑜伽的境界。

如果以四喜配合四瑜伽解說，就像觀想上師、佛父佛母在我
們的頭頂上，藉由他們雙運，在交合處降下甘露，甘露從我
們頭頂中脈降下到達我們喉嚨後，產生稍許的安樂，稱為四
喜當中的「勝喜」。當甘露逐漸降下到達心口時，安樂的程
度又更增強些，稱為「妙喜」。降到臍輪時，安樂的程度更
強，稱為「離喜」。到達密輪的時候，安樂的程度最為強
烈，這時候我們要反觀樂的本性是空性。這時的安樂與一般
明點並不相同，一般明點的安樂會在一剎那間就消失不見，
如果能將心堅定地安住在這一剎那的安樂之上，就成為大手
印之見，或叫「俱生喜」。

如果要以四瑜伽對應四喜的話，就是以專一、離戲、一味、
無修，這四項相應於四喜。四瑜伽中的無修可以對應四喜當
中的俱生喜，俱生喜的本性就是無修的境界。

●明點

再來解釋明點。我們所說的明點指的是什麼呢？菩提心又是什麼呢？它們是像伴侶之間互相依賴，才能產生所謂的交歡愉悅。這種愉悅也是一種「喜」，它其實是藉由菩提心產生的。我們可以不用依賴他人產生愉悅。我們總以為男子必須藉由女子，女子必須藉由男子，人們都是從伴侶來得到愉悅。其實不然，歡樂是能夠藉由已經本來存在於自身的菩提心獲得。（中譯註）也因此，我們如果能修持氣、脈、明點的話，佛的法報化三身也是藉由這樣來成就的。

●大樂甘露

藉由這樣觀修的方式，修持時我們在自己的頂輪上方，不管

中譯註：明點是指中脈與脈輪交會之處。也可指紅菩提（血元，從母而得）、白菩提（精元，從父而得）。說成菩提心，是因為菩提心是造成解脫涅槃大樂的根本、精元血元是造成色身大樂的根本。能夠達到心氣不二的時候，以色身作為成佛的大舟，精元血元就和菩提心的勢力息息相關，所以此處指出明點和菩提心有關。

是觀修上樂金剛、或是金剛持，還是佛父佛母雙運的形象，
都要想作十方諸佛的化現。他們的一切身語意的加持，都像
是甘露一般完全從頭頂融入。然後，觀想上師所化現的本尊
形象，藉由上師的悲心加持，自身與上師無二無別；從上師
或佛父佛母的中脈，注入自己的中脈裡面，自己的身體也就
整個遍滿了大樂。身體遍滿大樂之後，在臍輪的部位，會產
生像水銀一般顏色的吽字，就像從雲中突然出現閃電一般地
出現吽字。這個吽字再藉由中脈上升到頭頂時，我們整個身
體就遍滿了大樂。吽字再往上到了頭頂、佛父佛母的雙運交
合處；到交合處之後再降落，像這樣上下升降的觀修之後，
我們的明點會增長，壽命也會增長。

觀想在我們頭頂上的上師、佛父佛母時，我們要想他們的
甘露，由我們的中脈慢慢地漸次降落下來。中脈的粗細
呢，可以參考自己的無名指的粗細做觀想。像這樣上師的
甘露慢慢降落時，從自己的頂輪緩緩降落，到達喉輪、再
到達心口、心口再到達臍輪。到達每個輪時，我們要觀
想大樂慢慢散佈。在這樣大樂遍滿的狀態下，我們要反觀
自心的體性。反觀心性時，妄念是完全地熄滅的。沒有

妄念的生起，藉由這樣的反觀，就成空樂不二的狀態。所謂大手印的實相，也是藉此可以澈見的。所以所謂大樂的甘露，就是由頂輪、喉輪、心輪、然後臍輪，這樣來遍佈的。

我們這樣長時間的觀修之後，就要再將大樂由下往上，逆序地來收攝。這時我們要以吽字做引導，吽字就是大樂，就是明點的精華。由於吽字漸次向上提升的緣故，有如白雲一般的明點隨著吽字提升。每升到一個輪的時候，我們要想：大樂完全融入每條脈絡當中，身體處於遍滿大樂的狀態。在這樣的大樂狀態下，我們必須來反觀樂的自性。否則我們會處在完全貪戀於樂的狀態裡，也就不會有空樂不二的體悟。像這樣的觀修，就等於觀修大手印實相。也就是說，在大樂之下，我們需要藉由智慧反觀與融入。這個智慧指的是什麼呢？指的是我們自己知道：這時產生大樂，妄念不現，可以明確了知的自心就是智慧。必須在大樂的情形下，護持著大樂的體性，以自心護持大樂的體性。

●破瓦

以上這一切若我們想要修持的話，就要先修氣脈。六法當中
我們可以修持破瓦法，破瓦法可以讓自己的神識在中脈裡
面上升或下降。反覆地觀修，藉由修持口訣，觀修我們的
心識。熟練之後，隨著種子字在中脈裡的上升下降，心也
能隨意到達。等到我們能夠自主的時候，就可以得到自
在。修持的最後階段，一定要有師父從旁指導，否則會犯
下修持上的錯誤。這位師父必須要有真正的修持才行，不
是光說不練，只有口頭功夫的那種。那種師父是沒有助益
的。

這樣修持的方便法門有兩種：一種是見地上得到的自在，一
種是在觀修上得到自在，若個人自修，以前者最為理想。如
果是想在觀修上得到自在，一定要有具格上師，他是在氣脈
與拳法上的修持要有一定程度。若只是在見地上修持或作努
力，沒有師父臨場指導是可以的。見地上的觀修時，降伏煩
惱是我們的主要課題。例如當我們生起嗔心的時候，要馬上
反觀嗔心的體性，所謂的嗔心就能在當下立刻被斬斷。就像

羽毛放入火中，馬上就燒毀了。藉由這樣入平等定的修持來觀修，並不需要有任何特別的觀修方法，只要將心置入平等定即可。所以沒有師父在場也可以修持。

如果是在見地上修練，主要是讓我們的心不向外境奔馳。對於外境顯現的景象、聲音，還有我們自己的心念，都要能把握住。這是非常重要的。並不是所有的外境，都可以像我們看到的本尊一樣，配戴有種種珠寶等服飾莊嚴。我們要能夠知道，外界一切情器眾生本來都是清淨的。一旦這種認知在心中確切的生起，就能夠讓心中自他的兩種執著熄滅。我們能夠知道自己跟他人，雖然有著外像上的差別，心卻是沒有差別的。能夠無有二執、不再認為顯相與本質不同之後，也就是了知色相上的相空不二，聲音上的聲空不二，這是我們要把握住的重要原則。能夠達到這樣的境界，就可以消去了執著。像這樣，我們在觀修上就可以自然而然地，沒有任何刻意造作。如果還是有我執、或是自他這兩種執著，這樣觀修出來的境界，只有微小的成果而已。

修氣脈有狀況時…

●身體不適的時候

略微熟悉之後，有些人可能會心跳快速或有強烈跳動，心律
不整的毛病，這是因為遇到重大的事情，氣流向心臟，到了
心臟的氣又下不來，因此而產生心跳快、心臟病，甚至因此
發瘋的情形。這種心病是時常發生的。有人說：觀修的時
候，要將重點放在心口這個部位。對心臟不好的人，這反而
會造成心臟不堪負荷。這樣的時候應該將注意力轉到臍下的
火球，這樣會有所幫助的。

●觀修金剛薩埵，淨除氣脈障礙

修氣脈的時候，也許有些人會修不來，沒有辦法觀想這些
脈、輪等。有這樣的情形時，可以先修好金剛薩埵，觀想在
自己頭頂上有蓮花，蓮花上坐著金剛薩埵，蓮花的莖進到頭
頂的百會穴，也叫梵穴的位置，插入中脈。觀想金剛薩埵的
甘露由蓮花的莖進入我們的中脈，甘露從中脈散佈到身體各

處。以這樣觀想修持百字明咒，可以消除一些修持的障礙，能夠讓修持氣脈變得比較容易一些。

藏
密
氣
功

第三章

練氣療「心」

以氣功克服修行障礙

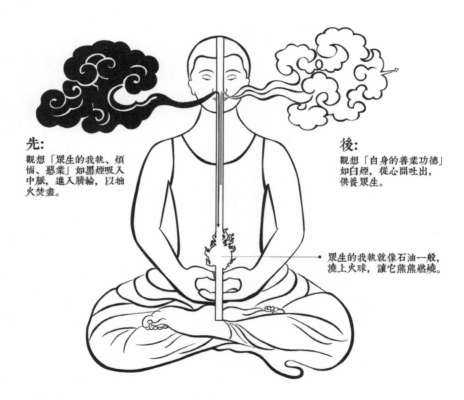

藏密氣功

先：
觀想「眾生的我執、煩惱、惡業」如黑煙吸入中脈，進入臍輪，以抽火焚盡。

後：
觀想「自身的善業功德」如白煙，從心間吐出，供養眾生。

眾生的我執就像石油一般，澆上火球，讓它熊熊燃燒。

自他交換

自他交換是上乘的藏密氣功法，能夠消去眾生的我執，讓我們生出慈悲心。仁波切提醒，修持時如能觀修自身為金剛亥母，或平常修持的本尊，不作不淨凡夫身想，將更如法而具力。

眾生的煩惱，是拙火的油源。燃燒和消化它們吧！
化為澤遍十方的悲心雨露。

智慧到了！煩惱就跑了

修氣不只可以消除一切的煩惱，甚至也可以消除身體的病痛。當我們還沒有修持的時候，病痛之所以會讓我們感到痛苦，那是因為心與氣是個別的，心歸心，氣歸氣。一旦生病就帶來莫大的痛苦。現在心氣合體來修氣，就可以知道心本身並沒有疼痛，也就能消除掉身體的疼痛了。疼痛都是心所造作的，如果能體會心的本性時，就能消除病痛。此外，吸氣進入中脈時，心中胡思亂想的雜念也會消除的。

吸氣、閉氣、呼氣。在臍間閉氣時會消除雜念，產生智慧。閉氣會心氣合一在臍間，因為雜念消除了，意識清楚，智慧就產生了，一切煩惱也就消除了。例如貪、嗔，都可以藉智慧的力量來消除。

好好睡一覺

我們觀修氣的時候，之所以有樂，那是因為我們對心中產生

的煩惱太執著的緣故，會帶來很多的痛苦。比如家裡不幸的事，親友的變故等等。我們太執著這些事，執著越多，痛苦與煩惱也就越多。要捨棄、放空這些執著，回到心的本性，心的本性就是快樂。所以我們要快樂就要消除痛苦，要消除痛苦就要放下執著、要洗淨雜念。有些人該睡覺的時候睡不著，很是煩惱，要是睡得沈就感覺睡得好。這是因為睡得沈就沒有雜念，心就很舒服。同樣的道理，我們要捨棄心裡的執著，消除雜念，才有心裡源自本性的快樂。

時常做惡夢，是因為有煩惱。這些煩惱是因不好的氣進入了自己身體裡，這些不好的氣帶來很多雜念與煩惱。岡波巴大師曾經夢到母親過世，天上的星星都變成奶，人人都去吸吮著奶水。有這類的夢出現時，岡波巴大師醒來就很難受，向密勒日巴大師哭訴，並請求大師解夢？密勒日巴的解釋是這樣子的：「因為你的氣沒有進入中脈，所以帶來這些煩惱，你要先讓左右脈裡面的氣與明點進入中脈，就不會再有這些惡夢了。」

一切的煩惱與痛苦，不論苦、樂，事實上都是如夢的。我們

心中的任何煩惱苦樂都如夢。只是我們往往以為夢就是夢，是虛幻的，而白天所見的一切卻是真實的。夢是不真實的，白天是真實的，這是我們通常的想法。其實白天也是如夢般的不真實，我們的一生從出生到死亡，也是如夢境般的不真實的。從白晝到黑夜，我們在晚上睡覺，白天醒來。每天都是一個小小的死亡，是小死。從出生到死亡，這就是大死。白天與晚上都如夢。我們修嗡啊吽，將來在中陰階段，也有助於我們認識本性，有助於解脫。

雜念去，快樂來

在臍間閉氣時會消除雜念，因為意識清楚，而產生智慧。睡得沈，就會感覺睡得好，因為睡得沈就沒有雜念，心就感到舒服。同樣的道理，要捨棄心裡的執著，消除雜念，才有源自本性的快樂。

【心要抓重點】

執著到哪裡，痛就在那裡

有些人對自己的身體，有著非常大的我執。其實心一直擺放在某個部位，氣就會往那裡聚集、血液會往那裡流竄、進而產生病痛。所以一切病痛都是心的造作。這點各位要能理解。對治這樣的想法，我們的法門是去觀想：身體是清淨的。比如身體有血、肉、溫度等等，要觀想它與外在的五大無二無別。我們的肉屬於地大、血是屬於水大、呼吸是風大、溫度是火大，而五大又是五種空行母的化身，是佛的化身。器世界就是要讓有情眾生有所依，才會顯現的。我們的身體是器世界，是佛的化身。

所謂的化身，一般的理解是上師的化身。虛假就是無中生有，上師的化身是由心轉變成化身，這個化身即是佛的化身。而每個人都是父精母血產生的身體。另有不同的說法：佛的心中有慈心、悲心；其實只要心中有慈心、悲心的話，就是有了化身。

我們現在是平常的眾生，是因為有我執的緣故，也因為我執

而無法成佛。一直以為外在器世界的痛苦與輪迴如實存在，有著自他的分別，所以產生種種煩惱。我們將妄念與煩惱看作是實有的，所以是眾生。但眾生是暫時性，成佛才是究竟。所以我們的身體，實際上是沒有真實存在的。身體僅僅是因為自心的我執與煩惱而執為實有。《心經》說：「色不異空，空不異色」，指的就是身體事實上是空性。因為我執，所以我們可以看到現在這個身體。

觀修暖熱，舒緩病痛

假如身體有病痛或虛弱的話，吸氣後觀想啊字；氣進入臍間的啊字，啊字就是火苗，啊字就是火。甚至最後，將自己的身體當作像火圈一樣，在此當中定住、再來吐氣、再來吸氣；然後啊字觀想成成火、閉氣，就這樣來修。這是身體有病痛時的修法。

我們如果身體上某個部位有病痛，隨著我們的心或注意力的轉移，可以到達那個部位。我們可以觀想臍下的火，隨著病

痛，往病痛所在處去移轉。這一股火，它的體性是金剛亥
母，隨著它所到之處，可以對舒緩病痛有所幫助。

另外，如果疾病帶給我們很大的痛苦，一般是沒有辦法藉著
禪定降伏的。因為我們的心都聚集在疼痛的地方。這時候，
如果疼痛的部位又有很多的話，我們還是將火觀想在臍下腹
部的部位。但在觀想的時候，則不要想成一團燃燒的火焰，
或是自己處在燃燒的火當中，這樣的觀想會有過失。我們只
要想全身遍滿熱的溫度、只要紅色的光球發出熱氣遍滿全
身，這樣就可以了。

修氣上供下施

修氣的時候，如果要觀想供養與布施，像這樣上供下施的觀
修，也是可以的。跟觀修身體的生起次第是一樣的，我們還
是觀想臍輪部位的火球或虹光。當氣呼出時，觀想氣變成五
色的虹光；五色的虹光頂端，都各自站著一尊供養天女。供
養天女由一尊轉化成十尊、十尊變成百尊、變成千尊，越變

越多，形成十方無量淨土的諸佛菩薩。這樣供養之後，光芒再回收十方淨土所有諸佛菩薩的加持。這時候，加持化現成白色的嗡、紅色的啊、與藍色的吽，融入我們的體內。

基本上我們在做這樣的觀修時，要抱持著菩提心，讓身語意不管在做什麼事情，都成為利他的善行。如果根本的心態都在利他，就如密勒日巴歌集：「所作皆知為資糧，所謂方便

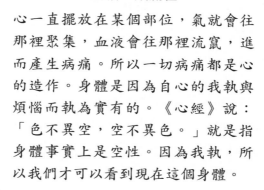

［心要抓重點］

我執，故痛在

心一直擺放在某個部位，氣就會往那裡聚集，血液會往那裡流竄，進而產生病痛。所以一切病痛都是心的造作。身體是因為自心的我執與煩惱而執為實有的。《心經》說：「色不異空，空不異色。」就是指身體事實上是空性。因為我執，所以我們才可以看到現在這個身體。

第三章 練氣療「心」

勿他求。」意思是我們所做的一切，都可以積聚福德資糧，都是方便法門、不假外求。如何積聚資糧呢？就是所作所為都不要離開利他之心。有利他之心的話，我們就可以成就他利。所有的供養中，這就是令諸佛菩薩最歡喜的供養。

你的痛苦，我願承受

藉由修氣我們可以觀修空性。這是指在修持氣的時候，心裡要能夠想到藉此利益眾生，心想：自己不論會淪落到什麼狀態，都要利益眾生。這時可以作自他交換的觀修：將自己的安樂給予他人，將他人的痛苦由自己承受。以這樣自他交換來觀修。

如果我們只是在修氣，觀想嗡啊吽，基本上就足夠了。如果是修習自他交換，當我們的氣吸入時，要觀想眾生的我執隨著嗡字吸入。也就是說，這時我們要憶想三界一切眾生輪迴的原因，是因為自心當中的我執。當我們吸入時，要觀想所有眾生的我執，都轉化成烏雲一般，聚集在半空中。在我們

吸氣時，將眾生的我執，以烏雲狀態吸入我們的身體裡面。當啊字住氣的時候，要觀想這些我執就像石油一般，澆上臍下的火球，讓它熊熊燃燒。當吽字呼氣而出時，要觀想自己的慈心、悲心，如同雨露降下，普遍的潤澤眾生。

如果我們真的可以如此觀修時，自他交換的自性就是菩提心。例如，某人懷有非常大的悲憫心，看到一個正在受著巨大痛苦的人，他就會生起悲心，甚至流下了眼淚。這類情形，不論是哪一種宗教徒，都有類似的經驗。像基督教或天主教的修行者，看到別人受苦會想要立刻前去救護，就是因為無法忍受看到別人痛苦的緣故。我們要記得，眾生會有這樣的痛苦，都是因為有我執。有了我執，才會造下這些煩惱痛苦的因和承受了它們的果。一切的痛苦的根本就是我執。

關於我執，我們要知道，三界眾生心中的我執，都是一模一樣的。一條蟲的我執跟一個人的我執，是沒有差別的。看看這麼大的城市裡，有多少飛機起飛降落，有多少汽車來來往往，它們都是為了什麼而在奔忙？都是想要讓自己的身體能夠安樂、遠離痛苦。因為有這樣的基本想法，才會有這麼多

忙忙碌碌、人來人往。大家都想讓自己今生能夠得利，這些
利益最主要的就是賺錢。螞蟻也是全年無休地，爬來爬去，
就算是下雨，還是地上有積水，種種不利的環境條件，螞蟻
還是無時無刻地忙碌、不休息。這都是因為自心的我執，為
了讓自己得到快樂，才會這樣忙碌。

我得與我執

獲得的越多，我執就越大，這道理經常
被我們輕忽了。

只要有身見，我執就放不掉，都會因為
我執而輪迴不已。如果我們知道一切的
痛苦都來自我執的話，修法就會有依
據。利他心就像陽光，可以消融我執，
還原出佛的本質。唯有觀修慈悲菩提
心，才能消除我執。

【心要抓重點】

眾生的我執都是一樣的，心中衍生出來的煩惱也都是一樣的。貪心、嗔心、癡心種種的煩惱，都是一樣的。我們可以得到一個結論：大家的我執都是一樣的，各位都在忙碌地賺錢。而我呢，也是為了賺錢。繞著整個地球的許多中心跑。至於我呢？我是想要從你們身邊拿走一些錢，即使是一塊錢也好，是這樣的心態來的。不過，請各位不要誤會，即使是各位的一塊錢，也是有我執的。我是從各位那邊，拿走你們的我執。我拿到之後，都會布施出去，所以各位只會減少我執而已。

各位現在可以想一想，眾生的我執是否都是一樣呢？

融解心的冰塊

佛陀說法是為了讓眾生能夠成佛，去除心中的我執，我執淨除了就能成佛。生起了利他心，就能去除我執。眾生的心猶如冰塊一般，本質是水，卻因為我執結成了冰塊。只要是動物、只要有形體，就會有我執，都會因為我執而輪迴不已。

如果我們知道一切的痛苦都來自我執的話，修法就會有依據。由修氣來觀修空性。利他心就像陽光，可以消融我執，還原出佛的本質。唯有觀修慈悲菩提心，才能消除我執。

如果我們知道一切我執就是輪迴根本，所以「願一切眾生都能得樂及樂因。」樂及樂因就是由慈心、悲心、憫愛眾生之心而來，苦就是從我執而產生的。「願一切眾生都能離苦及苦因」，這句話提醒我們，當我們修一切氣脈，和自他交換的練習，都要以慈心與悲心來修持。

我在奉獻什麼？

要生起利他之心的話，是否一定要自己先從痛苦中解脫，才有能力去實行呢？其實不然。《佛子行37頌》第11頌：「諸苦由貪自樂起，佛從利他心所生。」心態上必須以利他作為善行的根本，以此觀修才是正確的。

到底利他之心是存在的嗎？跟太陽比起來，又是誰的力量比

較大呢？當我們自己因為一些事情痛苦而憂愁時，忽然接到遠方的朋友來電關懷，我們會因此生起歡喜之心。其實這樣的關懷心雖然微小，要是對幾百人、幾千人都這樣，它的力量驚人。像無滿佛對無量三千萬眾生興起慈愛，他的力量無與倫比。

人的這一生當中，有些人是為了住得舒服而更加努力，或是為了要掙得更多金錢而努力。但我們卻不知道，有了更多的錢時，我們會因此而有了更多的執著。獲得的越多，我執就越大，這道理經常被我們輕忽了。

比方說，一棟房子還不屬於我們的時候，它有任何損壞我們都不會在意。一旦我們擁有這房子的時候，如果有人要傷害這棟房子，我們就會感到痛苦。痛苦的源頭就是「這是我的」。所以要修佛法，將所有的財物、甚至是親人都獻給佛菩薩，就是要消除心中的我執。

我們不一定要奉獻金錢給上師。我們可以獻出我們貪戀的物品，去布施與供養，可以像存錢在銀行一般，積聚功德。

密勒日巴曾說：「如果不懂得如何增長福德的方法，千萬不要去搶奪他人的財物。」意思就是，如果不能成為施主的福田，千萬不能去貪得供養。如果說自己不具福田的資格，卻收了供養，罪業比殺生的惡業來得深重。這其實是非常嚴重的事情。

【心要抓重點】

盲與忙

三界眾生心中的我執是一模一樣的。多少飛機起飛降落，多少汽車來來往往，都是為了什麼在奔忙？都是人們想要讓自己的身體能夠安樂、遠離痛苦。螞蟻也是全年無休，爬來爬去，就算遇到種種不利的環境條件，還是無時無刻地忙碌、不休息。為了我執，為了讓自己得到快樂，才會這樣忙碌。

各位都以很虔誠的信心，請佛像回家供養，這樣還是會積聚福德。猶如基督教：「將倉廩築在天上。」這就是藉由布施來修行，也就是用我們的心來積聚福德，以獲得福德的果報。有些人認為積聚善業，依據因果法則，可以在來世得到利益與安樂；這種說法並沒有錯。但最主要的是，我們能行善的話，現世就可以感受到行善的善報了。

三界一切眾生的我執，生出了六煩惱，進而形成六道眾生。我們必須生起慈心與悲心，保有這樣的態度，唸誦修持六字大明咒，藉由心境上的布施練習，不只暫時可以積聚福德而有利益，也可以在究竟上得到修法的利益。

我們的善惡交易

當我們作自他交換時，應從業與因果下手，認清楚這一點：想知道過去生做了些什麼？只要看看我們這一生遭遇了什麼就知道了。由於我們心中產生的煩惱，有煩惱而造了業，有了業就有了習氣，然後就有了這一切的痛苦產生。

在修自他交換時，我們必須從心中對眾生生出悲心才行。首先，我們都知道六道輪迴中的眾生，是無量無邊的。地獄來自起了瞋心；餓鬼從貪吝、慳吝之心而來；畜生道則是過去世無善惡是非、無因果的愚昧之心導致的報應。因此，如果要完全清淨，避免墮入三惡道，就必須知道三惡道的因果，知道它們究竟從何而來。

以業與因果來說，果報分為三種：等流果、異熟果、增上果。等流果是由瞋心而墮入地獄，會因為惡業，在短短的時間裡就經歷百次生死的苦果。就算後來從地獄道解脫出來，投胎為人之後，又會因為所做的惡業等流，再次因為瞋怒而殺人，犯罪又再墮入地獄，稱為等流遭受。所謂增上果，指的就是因為自己沒有懺悔，累積了罪業的力量，任由罪業越來越大。我們要知道，所謂三惡道在現世一看就有了，因為等流遭受惡果，或所作所為都在種下等流的因。這些都是我們眼睛看得到的，眼前就可以理解。這一切都是瞋心造作而起的。經過這樣的分析，我們就能看到業和因果的關係。

身體原來可以這麼用！

所以當我們在修自他交換的時候，是在臍輪與密輪之間的部位觀想出拙火火源的形象，將身體觀想成火團的蘊聚。我們知道火本身具有燒毀的能力，一切物體皆能燒毀。我們看到諸佛的畫像背後都有火焰，這個火焰被視為智慧火焰。因為有智慧火焰的緣故，所以自心當中不會再生起煩惱以及妄念。

當我們修持的時候，將氣吸入時，我們要想到令三界眾生痛苦的根源就是我執。而我執是自他平等，大家都是一樣的。所以在吸氣時，我們要觀想所有眾生的我執都被吸入體內。到了體內之後，就是我們拙火的助燃劑。我們的拙火會燒得更熾烈。這樣的觀想是因為慈心與悲心，不忍眾生痛苦，才有了去除眾生痛苦的動機和作為。那時我們還要再思維：一切眾生的罪障，都是由煩惱而起，以瞋恨心來說，它也是煩惱的一種。當我們自心起了瞋恨心，就必須再次持氣來觀修。

我們要這麼想：三界一切的眾生，他們的瞋恨心跟我們是一樣的。我們要立下志願，將瞋恨心消滅殆盡。這樣將氣吸入的時候，要想像它們如同火上加油一般，完全添加在我們臍間的拙火。這樣的觀修需要一再地重複。當我們過去的念頭已滅，未來的念頭尚未生起時。這個當下是非常清淨的。這時我們要反觀自心，瞋心會出現自己的體性，這就是大圓鏡智。像這樣觀修，我們起任何一個念頭時，都要這樣反觀，將煩惱轉化成智慧。

●自他交換好長壽

能夠這樣一而再地重複觀修，當日後心中再起瞋恨的煩惱時，對我們來講，將不會產生任何作用，我們不會被瞋心產生傷害，在六度當中我們也圓滿了忍辱波羅蜜。我們想要長壽的話，就要觀修忍辱，長壽就是藉由這樣的觀修而產生的。現在有些人之所會短壽，是因為在過去世打打殺殺的緣故。而這一切都是瞋恨心得來的。所以如果我們能夠常常觀修自他交換，不但能夠長壽，未來的福報也能藉由這樣的方法積聚，性命不會有任何中斷的障礙，而且可

以長壽無比。

因為有了貪心，我們才會有捨不得與慳吝的心態。在世俗的積聚資糧心態上，我們必須藉由上供三寶，下施貧窮來做調服與對治，對我們所貪戀的人事物，我們必須要重複地一而再、再而三地供養獻出，心態上要想說這一切都完全地獻給了三寶，這樣想的時候能夠讓心中的我執熄滅掉，但是當這樣的思維還沒有成熟時，我們對於外在的五妙欲還是會有貪戀產生的，這時該怎麼辦呢？對於我們所貪戀的東西，我們要想說藉由我們的氣吸入之後，熔入拙火團裡，貪戀進入之後也像澆油於拙火上，火會更興旺，這樣又轉化成為貪欲的本性，妙觀察智，如此這樣做，可以將五種的煩惱轉化成五種智慧，就是氣脈的修持方法。

特別是在平常的修行時，我們要觀修慈心三昧，這個指的是：我們要想到眾生對我們的恩惠。要想：從出生開始，父母對我們的呵護照顧。我們從出生什麼都不會，一直到長大成人，都是受到父母的照顧，因為有父母的恩惠，才會讓我們現在有這樣健壯的身體。所以我們要多多憶想和思維，要

能真正理解到眾生對我們的恩惠，並對自己的父母產生愛憐的心態。能夠產生這樣的慈善心的話，不只是對自己有利益，更對一切的眾生有很大的利益。

雖然父母給了我們這個人身寶，但若沒有老師、師父這樣教導的話，我們將不會擁有任何學問與功德，所以對於教導我們學習知識的師父，不管是佛法上，或是世間法上的師父，

拙火是自他交換的力量

修自他交換的時候，要在臍下腹部的部位觀想出拙火火源的形象，將身體觀想成火團的蘊聚。火本身具有燒毀的能力，一切物體皆能燒毀。諸佛的畫像背後都有火焰，這個火焰被視為智慧火焰。因為有智慧火焰的緣故，所以自心當中不會再生起煩惱以及妄念。

【心要抓重點】

對我們來講都是非常重要的，如果我們不具有知識，不但在這世間一無是處，我們也無法在佛法上有任何精進，所以我們要想到在這世界上，跟父母一樣重要的是我們的導師。藉由這樣的修持，可以再一次地對眾生生起慈愛之心。

累積慈悲點數

慈愛之心就跟賺錢一樣是可以累積的，而我們自己的煩惱心，也是一樣有累積的。比如說生起瞋恨之心，若一再地生起就會不斷地累積這樣的罪業，累積罪業的後果是非常不堪的。所以佛說不要去看別人的缺點，也不要去炫耀自己的優點。因為如果我們去看別人的缺點時，就沒有辦法對他人去生起慈愛之心，為了要能夠生起慈愛之心的緣故，我們只要去宣揚他們的優點就可以了，如果我們能夠知道一切安樂的來源就是慈愛之心的話，這樣對我們的修持非常有幫助。我們抱著對眾生的慈愛之心以吽的方式將氣呼出，如果說只是單純將氣呼出，卻對眾生沒有任何的慈愛之心的話，氣這樣出去也只是空性而已，並沒有任何作用。如果我們自己沒有任何慈心悲心地

將氣吸回來，氣這樣進來也只是空性而已。

特別是我們對於對於自己的父母、男女友伴都有著貪戀之
心，我們都會想說他們是跟我在一起的，他們是屬於我的。
其實我們不應該有這樣的想法，我們這一生會跟誰在一起，
會跟誰分開，都是過去生的業力決定的，我們是無法自主
的。我們可以自主的，只有自己所觀修的慈愛心、悲憫心
和菩提心而已。所以說，不管有怎麼樣的生離死別，我們對
於他人、男女朋友、父母的慈愛之心是不可以遺失的，必須
一再地重複觀想與思維一切眾生對自己的恩德，而讓自己能
夠生起慈愛悲憫之心。如果我們看到他人的過失時，要這樣
去想，一切的眾生都是有過失的，他們並不是佛，還沒有成
佛怎麼會沒有過失，我自己也有著煩惱的過失的，要這樣去
想就會生起原諒之心；對於自己的男女朋友、父母或不認識
的人都要有慈愛悲憫之心，對於自己不認識的人要觀想其中
沒有任何一個人不曾當過我們的父母。因此看到老年人的時
候，要想到這以前是我們的父母；因此看到中青年人的時
候，要想到這以前是我們的友伴；因此看到小孩的時候，要
想到這以前是我們的孩子。以這樣的觀修來讓自己生起悲憫

之心。

我的愛國情操

世界上有許多國家，以一個國家而言，像我們現在所處的
國家，外在的世界可說是像淨土一般，不論食、衣、住、
行，都是十分便利與優渥。但是自心的我執與煩惱如果沒
有降伏，比如生起嫉妒心、瞋恨心，這些對我們自己是非常
不利的。

我們必須正面思考，想想是誰能夠讓我們的交通這樣便利，
讓我們享有這樣的生活。這是由誰來創造的？是由過去的
人，他們不計個人的生命，置自己的生命於度外，前仆後繼
地奮鬥產生了這個國家。如今這些人，其中有些人卻因惡業
投生在地獄、餓鬼，或是轉化成畜生，或是在三界六道的任
何一處。這些人固然是因為自己的煩惱心，墮落在六道輪迴
當中，但我們卻是享受著他們奮鬥的成果。我們要這麼想，
如今自己所擁有的這些安樂，都是過去這些眾生們的努力成

果，我們才得以享用的。要這麼想，想一切眾生對我們來說，都給予我們莫大的恩惠。藉由這麼想，我們就能對一切眾生生起悲憫之心。

慈愛是明目的藥

【心要抓重點】

慈愛心就跟賺錢一樣是可以累積的，煩惱心也是一樣。佛說不要去看別人的缺點，也不要去炫耀自己的優點。因為去看別人的缺點時，就沒有辦法對他人生起慈愛心。知道一切安樂的來源就是慈愛之心的話，這樣對我們的修持非常有幫助。我們抱著對眾生的慈愛之心，再以心中念咒的方式將氣呼出。如果說只是單純將氣呼出，卻對眾生沒有任何的慈愛之心的話，氣這樣出去也只是空性而已，並沒有任何作用；如果我們自己沒有任何慈心悲心地將氣吸進來，氣這樣進來也只是空性而已。

悲心化作雨露

如果我們可以這樣思維，對眾生的悲憫心就會一天天地日漸增長的。到修行有成的時候，就算我們遇到陌生人，也不需要再觀想他是我們前世的父母，自然而然地就對他生起悲憫心。如果遇到有人傷害我們的時候，對怨敵或對手，我們一定都是生起瞋恨心的。那時我們要做的思維，是這些怨敵或對手，過去世曾經是我們的父親、母親、男友、女友。對於我們，他們付出非常大的關懷，懷有滿滿的慈愛。但是我們卻恩將仇報，反而傷害了他們，讓他們懷恨而死。因此這一世他們是來討債的。變成在衣食方面，在生活種種，有了這些冤親債主的示現。對這樣的人，經由這慈悲心的思維，心中生起的瞋恨心就自然而然地消失了。因為我們已經反省，知道這一切的過錯都是自己應得的。

當這樣生起悲心之後，我們可以用自他交換的方式來觀修，用嗡啊吽金剛誦氣的方式觀修。當我們念嗡啊吽的時候，吸氣時就觀想嗡字匯集了十方諸佛菩薩的慈心、悲心、菩提心。它們以五色虹彩的方式，完全地地吸入我們體內。啊字

住氣時，我們要觀想，這一切的加持都熔入腹部拙火。當誦吽字時，我們觀想自己的慈心、悲心，就像天上降下雨露一般，點點滴滴都散播到每個眾生心中，每個眾生心中都生起菩提心。像這樣的觀修，如果我們想要長壽，也是從此而來；我們想要得到福德，也能從此而來。一切修持的功德，都能由此產生。

當我們藉著吽字，將慈心、悲心向外散播時，有些人可能這麼想：這樣慈心、悲心的觀修，眾生又是怎麼收到的呢？我們的慈心、悲心，他們真的可以接收到嗎？有這樣的懷疑是不對的，因為輪迴與涅槃本來就是不二的，自他也是不存在的，只是因為我們有我執的緣故，所以顯現有自他的分別。沒有我執的話，一切都是平等的，慈心悲心是無所不遍滿的。所以當我們在自心當中，能夠想到一切眾生，懷有慈心、悲心時，這樣的一念悲心就可以普及所有的眾生。這就是法界力，或勝義真實力的意思。一念的悲心，可以遍及一切三界眾生。

第四章

問題透透氣

藏密氣功修持問答

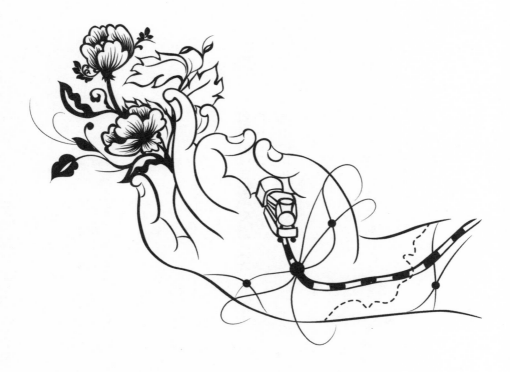

心能不能解脫

煩惱都是一個模子印的。如果對治一項煩惱獲得成就，我們可以以此類推地對治所有的
煩惱，最後獲得解脫。

修行離不開生活。聽聽別人的問題，為自己找出答案。

別人的病，會不會真的吸過來？

問：平時做自他交換的觀修，是觀想將眾生的我執與黑業以
　　黑氣吸入，再將自己的善業功德，以白氣呼出給眾生。
　　如果我們是融合以白色的嗡字吸入，再以藍色的吽字呼
　　出，像這樣子，觀想和顏色有關時，是否要把顏色調在
　　一起？就是先觀想紅色的啊字在臍輪，再把它們調在一
　　起？

答：對初學者而言，作這種自他觀想，的確是會有疑慮的。
　　例如吸入眾生的黑氣，如果染了疾病，就會困惑是不是
　　被傳染了。其實，即使眾生真的傳染了疾病，還是要希
　　望會傳到我們身上來。因為觀想傳到我們身上來，並不
　　會造成任何的傷害。如果藉由觀想吸入嗡、呼出吽，
　　眾生的疾病或黑業，都會像油一樣，只會使拙火的火球
　　燃燒得更熾烈，火球的光芒更加明亮。就像加油在火
　　上一樣，只會讓火燃燒得更猛烈，而不會對火有傷害。
　　另外，啊字本身就是化成紅色光球，不需要先觀想在丹
　　田，然後融入紅光球。自他交換時，最重要的就是生起

對眾生的悲憫心，要這麼想：我們是為了眾生而作的。自他交換的觀修，主要就是要增長慈心、悲心與菩提心。

有悲憫之心到底有沒有利益？我們可以這麼假設，在這屋裡有一位慈悲的人，我們看了就歡喜，遇到和我們意見相反的人，我們立刻生氣。佛陀的結論會說：憤怒是痛苦的根本，悲憫則是快樂的泉源。

臨別 1、2、3

問：中陰救度法當中，提及人往生之後，一定的時間內不能移動死者。因為在這段時間內，人的感覺會變得非常敏銳，稍一碰觸他，就會讓他感到如刀割般巨大的痛苦。如果這時候進行器官捐贈的手術，是否會影響死者一心專注，求生佛國淨土的意識？

答：是否會影響死者一心專注求生佛國？目前基本上有兩種

說法，一種是有影響，一種是沒有任何影響。會有影響的說法，是認為對於已經入定的往生者，這是有傷害的。沒有影響的說法，是因為在入定當中，身體的五大已經融入空性，連神識都已經融入空性。既然是空性，就不會有任何的痛苦。所以應該是沒有任何傷害或影響。我們認同第二種說法。

問：如果捐贈器官的痛苦，產生了不悅，是不是變成造惡業的緣起？例如為腦死的病人進行捐贈手術，是否就像安樂死一樣，會有殺生的嫌疑？

答：如果是捐贈者死前的遺願，基本上應該不會有痛苦的。痛苦其實是我執所造成的，就算是不作捐贈手術，中陰階段每七天還是要死亡一次的。就像我們來到一個空曠的地方，聽到謠傳這裡有小偷、強盜、毒蛇、猛獸，心中會生出大大的疑問。在中陰的階段，只要這種疑問生起時，景象就會出現。所以一切都是由心念造作的。就算是腦死或剛往生，只要捐贈者本身有捐贈的意願，我們都是贊成的。這種發願是很好的行為。為何我們說沒

有傷害呢？我們知道身體有五種氣：上行氣、下行氣、持命氣、遍行氣、平行氣，也叫作熱氣。當死亡時，熱氣已經散了，體溫降低。現在我們被碰觸時，之所以有感覺，也是因為有遍行氣的緣故。人斷氣之後，持命氣也消失了，身體也就沒有感覺與痛苦了。這時即使作器官捐贈，也不會有任何痛苦了才是。

問：如果親人重病住院，可能死亡，要如何幫助他？要修哪一種法？例如，首先是重病往生時、二是臨命終時、三是往中陰時，四是往生中陰時，要怎麼做才好？

答：首先，我們先觀想自己是本尊。如果是男病人，觀想成觀音；女病人，觀想成度母，再念眾佛號或觀音心咒。最重要的是我們要本著悲憫之心為他助念，這樣就可以了。只要一直聽著佛號是很好的。我的道場都是一直播放著佛號的，臨睡時我也喜歡聽佛號睡覺。這樣子在睡夢當中，在夢境當中，我們都會依著聲音憶念起阿彌陀佛。佛號就像藥物外的糖衣般，有善巧的方便作用。

不管是生者或往生者，都要把握一個方法。例如自己非常喜愛、牽掛的人，不論是男是女，只要想起對方時，立刻要將對方轉化成觀音或度母，觀想他們與本尊之間無二無別的形象。如果有人對自己非常關愛的時候，我們就要將自己觀修成本尊，這樣當別人思念我們的時候，就會得到本尊的關愛與加持。這樣不管是生者或往生者，都會得到功德。

捐器官，捨我執

憤怒是痛苦的根本，悲憫則是快樂的泉源。自他交換的觀修，主要就是要增長慈心、悲心與菩提心。臨終的器官捐贈之所以不會痛苦，因為這是亡者的遺願，而痛苦來自我執。捐贈器官就是在放下我執。

【心要抓重點】

當憂鬱症來臨…

問： 最近台灣社會的憂鬱症與躁鬱症很多，造成許多人自
殺，請問這是什麼樣的因果？要如何幫助他們？除了吃
藥之外，需要修哪一種法？

答： 這是因為我執過重產生的病症。比如說有兩兄弟，其中
一位事業成功，另一位就生起了比較的心，想著要超越
對方。這種想法日積月累，就會產生這種病症，進而自
殺或殺人。幫助的方法，就是觀修慈悲心與菩提心。藉
由悲憫心讓對方感受到，就是一種幫助。這是吃藥之外
的一個方法。

對治我執的方法，就是觀修慈悲心，會自殺的人都只想
到自己的痛苦，沒有考慮到其他眾生的痛苦。把自己一
點微小的痛苦，想像得巨大無比，然後想要結束自己的
生命。自殺者來世會變成石頭縫隙中的生物，遭受很大
的痛苦。很多有錢人過世之後，會變成一條毒蛇，執著
地守護著生前的黃金。這就是我執害了自己。能夠具備

菩提心的人就是一位勇士，因為能夠忍受一切的痛苦，為了心中有著悲天憫人的心，對於一切痛苦都淡然處之。認為世界上比我更痛苦的人，比比皆是，我應該忘記自己的痛苦，救濟他人才是。所以，有菩提心的人是一位勇士。在座很多人都去過西藏，起初都說台灣的生活很痛苦，久了才發現，其實西藏的生活更是痛苦。經驗比較之後，才發現原先自己認為的痛苦，其實是微不足道的。

【心要抓重點】

我執是深藍心情的底色

憂鬱症、躁鬱症，甚至是自殺，都是因為我執太重的緣故。不論想要助人或是自助，都要觀修慈悲心與菩提心，既讓別人感受到愛與慈悲，也可以幫助自己去除我執。因為有了悲天憫人的心，就能夠事事淡然處之。

我該怎麼過

問：樂空雙運時，能自然醒悟一切，又無能所的，是什麼呢？

答：落於言詮之中，我們會有樂的感受主體。但是從實相上
來說，是沒有能所、也就是沒有主客的。樂的產生，就
是把體認的明朗覺知，放在樂的狀態上就可以了。這只
是名詞上、說法上，似乎有了對立而已。其實不然，樂
的自性即是空，空的本性就是樂，並無對立。不論明
空、樂空、相空三種空的說法，不管空也好、樂也好，
明朗覺知才是最重要的。也就是自我察知、覺知者的智
慧。在安樂的狀態下，反觀空性，時間一久，這種樂就
會成為無漏的大樂。基本上有三種樂，一種是雙運時的
樂，一種是死亡時的死樂，一種是沈睡時的樂。死樂是
指斷氣時，有明、增、得光明顯現的大樂。這三種樂，
其實都是屬於大樂的。

問：明朗覺知剎那即滅，如何保住？

答：基本上，明朗覺知是不會有生滅、寂滅的狀況產生的。它一直都存在，端看你是否能一直保持它而已。大手印四瑜伽基本是以四喜互相配合來修持，在大圓滿則稱為四項究竟。它們基本上都是相同的。

我們接受灌頂的次序是這樣的。先藉由獲得四灌，觀修四瑜伽，藉由觀修四瑜伽產生四喜，再藉由四喜來成就上師的四身。

問：在家供養水食子已經有一段時間，現在已經中斷可以嗎？

答：只要每天供養茶，或自己在吃飯的時候，能先想到要供養的話，這是沒差別的。因為四種賓客都是一樣的。基本上，不管是上午修的煙供，或是迴向給惡鬼的供養，水食子的供養，都是自己的思維力。我們有提到三種力量：如來力、思維力與法界力。這三種力量，最重要的來源就是悲憫心。我們如果能夠觀修四無量心的話，以上的修法都是在布施。觀修四無量心就是法布施，一切的布施以法布施最為重要。這樣看來，水食子也就沒有

什麼中斷可言。

問：白度母、綠度母、二十一度母與觀音菩薩有什麼差別？
　　人世間的一切都是度母、觀音、佛菩薩的化現嗎？

答：基本上，諸佛在智慧界中都是一體的。佛不是人，佛從
　　我們的心生出。也因此，誰能由空性當中，生起悲憫
　　之心的話，誰就是佛，也就能見到佛。所謂的佛或空
　　性，既非有，亦非無，非有非無，是離邊離戲，無可言
　　說的境界。所以說，一切的本尊，都是由我們的自心
　　所產生的。如果無法觀想這麼多本尊，可以將一切男眾
　　看成觀音，女眾看成度母，一切的本尊，都像我們的父
　　母一般，對我們是非常慈愛的。在皈依戒儀式中我們會
　　提到，如果能生起清淨相，就是具足密乘的戒律。也就
　　是說，誰能夠盡量生起清淨相，誰就能夠看到這世間最
　　究竟的實相。例如，在座各位弟子當中，有誰能生起清
　　淨相，誰就能見到諸佛。相反的，有些人對上師心存挑
　　剔，這是他們自己沒有清淨相的緣故。這些人是極其值
　　得悲憫的。如果是自心不清淨的話，再好的善知識或修

行者，我們也只會看到他的缺點。有一偈：「心無能見淨實相，密嚴淨土如惡趣。」意思就是說，像這樣子的人，就算到了西方淨土，連阿彌陀佛他都找得出缺點。

剛才這個問題，對於在座的各位是非常重要的，因為我們對於所謂的清淨相雖然都曾聽過，卻從來沒有在心中確實地生起。什麼是清淨相呢？我們都希望自己的罪業能夠清淨，但是罪業是從何而來的？罪業是從我們心中的我執造作而來的。對於初學者而言，一開始就要學因果與業力，教導大家惡業是非常恐怖與罪惡的，是讓人墮落三惡道的原因。當我們進入到菩薩乘時，我們就知道要藉由觀修慈悲心，好讓我們遠離愛憎親疏這種怨敵與親友之間的分別。當我們進入密乘教法的時候，才會恍然大悟：原來情器的眾生與世界都是清淨的。由於我們的自心本來都是非常的清淨的，只要能夠去除掉我執的話，這個沒有執著的心就能恢復為本來清淨的狀況。像清淨的水一般，這就是佛，就是清淨相。

問：辦公室附近的草地，同事們需要輪流割草，當我們割草

時，會傷害草中的昆蟲，像這類因為工作的關係，會傷
害到蟲蟻的生命，身為佛弟子要怎麼做才好？

答：其實，如果是因為自己的需要，去傷害眾生的血、肉、
皮，甚至傷害眾生生命的話，這種罪業是非常深重。如
果不是為了我們自己的利益，而且不是我們去割草的
話，同事也要去割。這些蟲蟻墮入三惡道，牠們本身也
沒有樂趣，我們也不是為了取其血肉而傷害牠們。所以
在割草的當下或平時，我們要多念六字大明咒，或是其
他咒語迴向給牠們，讓牠們「見聞即解脫」。希望這些
眾生得以種下解脫種子。因此，不要為了怕落入殺眾生
的罪業，就不願去割草。這樣又是另外一種我執。我們
只要持誦六字大明咒等等即可。

問：要打開脈輪，是否一定要打坐禪修才能打開？如果平常
動中修，覺性清楚之後，脈輪會打開嗎？

答：有兩種說法：一種是要打開脈輪的話，必須藉由氣脈與拳
法的觀修，才能打開脈輪。另外一種說法，是藉由觀修禪

定的修持，也能打開自己的脈輪。但是像這樣的說法，個人還沒有在經典當中看過，所以基本上不是那麼肯定。打開脈輪的意思，就是心得到完全的解脫。所以只要是心得到解脫，脈輪自然而然也就會打開了。基本上，身體是由心創造出來的。根據上、中、下的根器不同，想要解脫的話，以觀修氣脈來講，會成就虹光身。這是因為心的執著完全滅淨的緣故，已經遠離了一切的執著。因此打坐禪修，或許也能打開脈輪，但我們並不那麼肯定。

別給自己找碴

「心無能見淨實相，密嚴淨土如惡趣。」如果我們是這樣子的人，就算到了西方淨土，連阿彌陀佛都能找得出缺點。我們要藉由觀修慈悲心，好讓我們遠離愛憎親疏，這種怨敵與親友之間的分別。

【心要抓重點】

問：白度母閉關半年修一百遍。可以分段進行嗎？可在家裡
　　進行嗎？

答：可以。若沒有時間的話可以先閉關七日，分段進行。基
　　本上是以不散亂為基本要求，在哪邊閉關都是一樣的。

問：一直維繫覺知，就能得到心的解脫嗎？

答：若說我們一定會得到解脫的話，就是落到文字相去了。所
　　以白度母的法本裡說：「追逐名句文字相，恐為宗派所欺
　　瞞」就是這個意思。從字句上找答案的話，是沒有解答
　　的。也就是說，我們在觀修的時候，維繫覺知的時候，妄
　　念還是會產生。不管產生怎麼樣的妄念，不追隨妄念，隨
　　著妄念的顯現，當下反觀，即得到解脫。對於這樣細微的
　　妄念，我們如果能夠掌握住的時候，對於外境產生的貪
　　嗔、粗分的妄念時，就可以生起對治的心。當然，在一開
　　始的時候並不容易，可能需要進行很長一段時間的拉鋸
　　戰。但是到最後，不管出現什麼樣的境界，我們都可以很
　　有自信、有把握地去面對這些外境。

假設我們今天遇到一位讓我們大動肝火的人，起嗔怒心時，我們先暫時不要對對方有任何的動作，而是反觀自己，反觀這個嗔怒的自性。反觀之後，自己的心平息下來了，再去面對一次，看看還會不會產生嗔怒心。如果已經不會嗔怒了，就代表心得到了解脫；如果還是有嗔怒，就代表還有待加強。我們還沒有得到解脫。

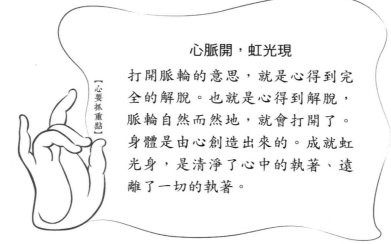

【心要抓重點】

心脈開，虹光現

打開脈輪的意思，就是心得到完全的解脫。也就是心得到解脫，脈輪自然而然地，就會打開了。身體是由心創造出來的。成就虹光身，是清淨了心中的執著、遠離了一切的執著。

關於我

問：仁波切什麼時候開始轉經輪？為何持得如此好？

答：轉經輪就是說，趕快拿飯菜來給我吃的意思（一笑）。
旋轉經輪時，裡面經咒的力量會傳出來，讓眾生的心
中生起慈心與悲心，同時也提醒自己不要放鬆與精神
渙散。此外，任何持了轉經輪、或看到轉經輪、或是死
時在枕邊放轉經輪的人，都可以在來世不墮三惡道，不
需再修破瓦法。轉經輪裡面有一億五千萬遍的六字大明
咒，轉兩圈就有三億遍，這樣我就可以償還欠眾生的債
務。轉經輪已經從西藏流傳到台灣、美國或世界各地。
像我這個轉經輪，經文是達賴喇嘛親手書寫的，所以是
非常殊勝的。

問：仁波切是大圓滿的成就者，堪布蒙色的心傳弟子，請問
要成為心傳弟子，有什麼師徒間的徵兆呢？

答：成為心傳弟子，主要是因為我的心中沒有任何疑問，對

上師沒有任何懷疑，並且對他抱有很大的感情。上師也是對我慈愛有加。成為心傳弟子，就是要對上師抱持不變的信心。這樣師心、徒心就能合一。我過去原本是修大手印的，有了大手印的經驗，見到堪布蒙色之後，我在見地上沒有任何的懷疑。

問：如何承事上師？

答：當初我在監獄裡，都是上師在照顧我，反倒是上師在承事我（一笑）。

●化身無所不在

問：仁波切在獄中的生活，被製作成畫冊用以宣傳，請問內容是什麼呢？

答：第一段內容是關於我如何和共產黨對抗，第二段是打獄卒，七日絕食抗議獄方的故事。最後共產黨不計前嫌地釋放我，現在我對中國也盡心地在傳法，利益他人。

這整個故事裡有一個意義：佛菩薩的化身是在每一個地方的。被我打的那個獄卒，他其實是有很大的悲心的，當我跟他發生衝突的時候，他告訴我：以我的罪刑其實是可以槍斃的，「但我不會對你有任何一點威脅，雖然我代表國家的法律。我會放過你，因為你也有父母親，我不會傷害你。」我也這麼回答：「你有執實心，但我沒有執實心，所以我要打你，因為你對我們作了很多不好的事情。」他說：「你是對的，你是極度厭惡共產黨，才會參加游擊隊，才會打我，這不能怪你。我能體會。但是也請你好好想一想，你還有父母親。」聽了他的話之後，我才開始吃飯，停止了七天來的絕食抗議。

問：請問仁波切如何度過二十年的牢獄生活？

答：剛住進監獄的時候雖已經了悟了業力因果，但還是非常憤怒，想要將整個國家都毀滅掉，但是堪布蒙色上師還是開示我業力因果，後來我對因果有更深的思維，如《佛子行37頌》：「於諸眾生捨怨心」，讓自己的心趨向平和，這樣來作修持。有人問我如何成佛？我認為

自己沒有成就佛的功德，但反觀自心，覺得沒有任何痛苦，對所有弟子有很大的悲憫之心，對怨敵也還是會產生一些嗔恨心，但是很快地就會消失了。

監牢當中有800個人，只有我一個人被中共寫成了故事並且發行。

佛菩薩在哪裡？

勞改的經驗有個很重要的啟示：佛菩薩的化身無所不在。他們是我的上師、獄卒，還有各式各樣的人。

勞改後我對因果有更深的思維，譬如《佛子行37頌》：「於諸眾生捨怨心」的深意。我經常反問自己如何成佛？久了，反觀自心，覺得沒有任何痛苦，有很大的悲憫之心，對怨敵雖然也會產生些嗔恨心，但是很快地就會消失了。

【心要抓重點】

結語:心能不能解脫?

大家的發問都非常好。其實這些問題都集中在同一個問題上:「到底心能不能獲得解脫?」我們一切的修持,都是為了得到解脫。吉魯巴大師曾說:如果一棵大樹從根部將它砍斷,枝葉就會自己乾枯了。如果我們從心來斬斷一切的煩惱,八萬四千種煩惱都將熄滅。心能夠解脫的話,一切都能獲得解脫。我們如果能在對治一項煩惱上獲得成就,平息這個煩惱的話,所有的煩惱都是同一個模子印的,我們可以以此類推地獲得解脫。以我們自己心中所有的覺知,讓智慧就像火焰,所有的妄念煩惱都像柴火,木柴放得越多,火就越旺。藉由這樣的觀修,我們不管是行、住、坐、臥,都可以在當下修持。只要我們可以保持正念覺知的話,一切都是修行。同時,我們也要不斷地觀想悲心,這樣的修持就是我們依循的準則。

修持最重要的問題：我們的心到底能不能解脫？從當下修持開始，保持正念，觀修慈悲，就是修持的準則。

《佛子行37頌》

《佛子行37頌》

南無洛給秀惹亞
（南無觀世音菩薩）

【禮供】

雖見諸法無來去，
唯一勤行利眾生，
上師觀自在尊前，
恆以三門恭敬禮。

【著作立誓】

正等覺佛利樂源，
從修正法而出生，
修法復依明行要，
故當宣說佛子行。

【第1頌】

此生幸得暇滿船，

自他須渡生死海，

故於晝夜不空過，

聞思修是佛子行。

【第2頌】

貪愛親方如水動，

嗔憎怨方似火燃，

癡昧取捨猶黑暗，

離家鄉是佛子行。

【第3頌】

遠惡境故惑漸減，

離散亂故善自增，

心澄於法起定見，

依靜處是佛子行。

【第4頌】

常伴親友還離別，
勤聚財物終棄捐，
識客且遺身舍去，
捨現世心佛子行。

【第5頌】

伴彼若使三毒長，
並壞聞思修作業，
能轉慈悲令喪失，
遠惡友是佛子行。

【第6頌】

依彼若令惡漸盡，
功德猶如初月增，
則較自身尤愛重，
依善知識佛子行。

【第7頌】

自身仍陷生死獄，
世間神等能救誰？
故於依止不虛者，
皈依三寶佛子行。

【第8頌】

諸極難忍惡趣苦，
能仁說為趣業果，
故雖遭遇命難緣，
終不造罪佛子行。

【第9頌】

三有樂如草頭露，
是須臾頃壞滅法，
故於無轉解脫道，
起希求是佛子行。

【第10頌】

無始時來憫我者，

母等若苦我何樂？

為度無邊有情故，

發菩提心佛子行。

【第11頌】

諸苦由貪自樂起，

佛從利他心所生，

故於自樂他諸苦，

修正換是佛子行。

【第12頌】

彼縱因貪親盜取，

或令他奪一切財，

猶將身財三時善，

迴向於彼佛子行。

【第13頌】

吾身雖無少過咎，
他人竟來斷吾頭，
於彼還生難忍悲，
代受罪是佛子行。

【第14頌】

縱人百般中傷我，
醜聞謠傳遍三千，
吾猶深懷悲憫心，
讚他德是佛子行。

【第15頌】

縱人於眾集會中，
攻吾隱私出惡言，
於彼還生益友想，
倍恭敬是佛子行。

【第16頌】

我以如子愛護人，
彼若視我如寇仇，
猶如母對重病兒，
倍悲憫是佛子行。

【第17頌】

同等或諸寒微士，
雖懷傲慢屢欺凌，
吾亦敬彼如上師，
恆頂戴是佛子行。

【第18頌】

雖乏資財為人賤，
復遭重病及魔侵，
眾生罪苦仍取受，
無怯弱是佛子行。

【第19頌】

雖富盛名眾人敬，
財富量齊多聞天，
猶觀榮華無實義，
離驕慢是佛子行。

【第20頌】

倘若未伏內瞋敵，
外敵雖伏旋增盛，
故應速興慈悲軍，
降伏自心佛子行。

【第21頌】

五欲品質如鹽滷，
任幾受用渴轉增，
於諸能生貪著物，
頓時捨是佛子行。

【第22頌】

諸所顯現唯自心，

心體本離戲論邊，

知已當於二取相，

不著意是佛子行。

【第23頌】

設若會遇悅意境，

應觀猶如夏時虹，

雖現美麗然無實，

離貪著是佛子行。

【第24頌】

諸苦猶如夢子死，

妄執實有起憂惱，

故於違緣會遇時，

觀為虛妄佛子行。

【第25頌】

求覺尚需捨自身，
何況一切身外物，
故於身財盡捨卻，
不望報是佛子行。

【第26頌】

無戒自利尚不成，
欲成他利豈可能？
故於三有不希求，
勤護戒是佛子行。

【第27頌】

欲享福善諸佛子，
應觀怨家如寶藏，
於諸眾生捨怨心，
修安忍是佛子行。

【第28頌】

唯求自利二乘人，
猶見勤如救頭燃，
為利眾生啟德源，
發精進是佛子行。

【第29頌】

甚深禪定生慧觀，
能盡除滅諸煩惱，
知已應離四無色，
修靜慮是佛子行。

【第30頌】

無慧善導前五度，
正等覺佛不能成，
故具方便離三輪，
修智慧是佛子行。

【第31頌】

若不細察己過失，
道貌岸然行非法，
故當相續恆觀察，
斷己過是佛子行。

【第32頌】

因惑說他佛子過，
徒然減損自功德，
故於大乘諸行者，
不道彼過佛子行。

【第33頌】

貪圖利敬互爭執，
聞思修業將退修，
故於親友施主家，
離貪著是佛子行。

【第34頌】

粗言惡語惱人心，

復傷佛子諸行儀，

故於他人所不悅，

絕惡言是佛子行。

【第35頌】

煩惱串習則難治，

勇士明持念正器，

貪等煩惱初生時，

即摧壞是佛子行。

【第36頌】

隨於何時行何事，

應觀自心何相狀，

恆繫正念與正知，

修利他是佛子行。

【第37頌】

勤修諸行所生善，
為除無邊眾生苦，
咸以三輪清淨慧，
迴向菩提佛子行。

【結語偈頌1】

我依經續諸論典，
及眾聖賢所說義，
為欲修學佛道者，
撰佛子行卅七頌。

【結語偈頌2】

才淺學疏文不精，
碩學閱之難生喜，
然依經教聖者故，
佛子行頌應無誤。

【結語偈頌3】

然佛子行諸巨浪，

愚鈍如我難盡測，

故祈智者慈寬恕，

違理無關諸過失。

【結語偈頌4】

吾以此善願眾生，

皆發真俗菩提心，

不住有寂得自在，

咸成怙主觀世音！

尊貴的戊初多美（銀水珍寶窟的無著賢大師），通曉經典及因明學，他為了利益自己及一切有情，在銀水珍寶窟，作此《佛子行37頌》。

中譯原譯者為嚴定法師，後經堪布　竹清嘉措仁波切的注疏，略微刪改。

眾生出版社 系列叢書

為什麼看不見
「看見」的關鍵就在「心」！
作者：堪布 竹清嘉措仁波切
譯者：施心慧　　定價：360元

不同的人看到不同的世界，佛陀看到的世界有什麼不同？跟著堪布 竹清嘉措仁波切多樣化修持之道，看見不一樣的心世界。

你是幸運的
直指快樂修行的道路
作者：詠給‧明就仁波切、艾瑞克‧史旺森
譯者：林瑞冠　　定價：360元

「世界上最快樂的人」明就仁波切，教你發現你的幸運，開發內在最大的能力，記起心靈密碼，提領生命中最大的財富。

唯一
大手印大圓滿雙融心髓
作者：堪布 卡塔仁波切
譯者：噶瑪策凌卻準　　定價：380元

藏傳佛法大師堪布 卡塔仁波切，融合大手印與大圓滿的精華，為現代修行人提供對治煩惱、了悟心性的訣竅。

請練習，好嗎？
明就仁波切「開心禪」引導
作者：詠給‧明就仁波切
譯者：妙融法師　　定價：350元

學了很多口訣教授卻沒時間體驗？禪修到底和生活能不能結合？本書將顛覆你對禪修的想像。

相信，你就是！
確戒仁波切教你成為金剛亥母
作者：確戒仁波切
譯者：堪布羅卓丹傑　　定價：300元

金剛亥母觀法是一部已經傳承千年以上的法，歷代大成就者證得成就前，無不修習過此法。慈悲的確戒仁波切希望透過本書，讓現代人在忙碌中找回心的清淨。

自由的迷思

作者：創巴仁波切
譯者：靳文穎　　定價：340元

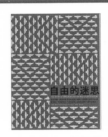

佩瑪‧丘卓誠摯推薦：《自由的迷思》出版，我已讀過不下二十遍，每次重讀都有新的領悟。它奇妙的力量在於如此直接地指引出一套極不尋常的方法，用以化解我們替自己與外在世界之間所設下的障礙。

修心

七種自利利他的「心靈煉金術」

作者：林谷祖古仁波切　　譯者：呂家茵　　定價：330元

心是可以訓練的，傳統佛法常把修心比喻成煉金，本書七種訓練心的方法，就是七種古老的「心靈煉金術」，來自阿底峽尊者的智慧，只要我們願意從「心」改變，你會發現：心靈點石成金是可能的，你可以預約一個更美好的自己！

因為你，我在這裡

第一世噶瑪巴杜松虔巴傳記與教言

作者：第一世噶瑪巴 杜松虔巴　　譯者：倫多祖古　　定價：350元

杜松虔巴從一個平凡人成為第一世噶瑪巴，許一個利他諾言，就有能力900年來不間斷地實踐。本書要告訴你這個從平凡到不凡的故事，揭示他讓自己不再受苦、也能讓你不再受苦的秘密。

恆河大手印

「大成就者帝洛巴二十九偈金剛頌」釋論

原著：帝洛巴尊者　　釋論：第十世桑傑年巴仁波切
藏譯：噶瑪慶烈蔣措　　定價：370元

噶舉皈依境上地位尊貴的桑傑年巴仁波切，將大成就者帝洛巴的二十九偈金剛頌，作教證俱精的註解，逐句解說，全書宛如大手印法教的林園，入眼皆是動人心魄的心性光華。

四加行，請享用

校長上菜，祝你修行胃口大開

作者：確戒仁波切　　譯者：堪布羅卓丹傑　　定價：340元

「四加行」是進入藏傳佛法正行修持之前的暖身準備動作，累積資糧，淨除罪障，增益信心，是心靈春耕前的一系列「整地」動作，整好心地，迎接修行的豐收季。藉著四種基礎功課，調整自己的修行體質，走上正確的解脫路。

眾生出版社　系列叢書

動中修行

讓世界靜下來，或讓自己靜下來？

作者：創巴仁波切　　譯者：靳文穎　　定價：280元

現代人生活忙碌，特別需要動中修行的功夫——尤其，面對「非做不可」的壓力時。本書中，禪修大師創巴仁波切以七個章節，教授我們七種「動中修行」的方法，能讓我們在身與心的高度緊繃間，找到歇息的舒緩點。

放空：從內心深處放輕鬆

作者：堪布 慈囊仁波切
譯者：堪布 羅卓丹傑、噶瑪慶烈蔣措、張福成　　定價：330元

什麼時候，才能放自己一馬，讓心真正休息？本書教你從懺悔，到性空，到無生，一步步學會「放空」的智慧。內容分三部分，是慈囊仁波切《三蘊經》、《般若波羅蜜多心經》以及《一字般若經》的開示。

乾乾淨淨向前走

從〈三十五佛懺〉步上成佛之路

作者：堪布 卡塔仁波切　　譯者：比丘尼洛卓拉嫫　　定價：340元

本書內容分〈三十五佛懺悔文〉釋論與「給你一張修行藍圖」兩部。第一部是教導我們經由頂禮、懺悔、迴向三事以淨罪、集資。第二部依見、修、行、果四分類，深入淺出解說應該如何實修。

愛的六字真言

作者：第15世噶瑪巴・卡恰多傑、第17世噶瑪巴・鄔金欽列多傑、
　　　第1世蔣貢康楚仁波切
譯者：妙融法師、堪布羅卓丹傑、金吉祥女　　定價：330元

大自在成就者「唐東傑波」，多次親見觀音菩薩所獲得的教導精髓，15世大寶法王、17世大寶法王、第1世蔣貢康楚仁波切，以愛加持這一切萬法的精華——六字真言，以此讓我們的人生真正充滿意義。

座墊上昇起的繁星

作者：堪布 竹清嘉措仁波切
譯者：施心慧　　定價：390元

8篇「直指人心」的開示集，內容分四部分，分別是見林、見樹、見果和祈願：先帶你宏觀看見修行的全貌，再微觀深入修行的細節，當確信與覺受如繁星昇起時，帶你親嘗修行的甜美果實，最終，以「了義的祈願」畫下句點。

除無明闇

開悟與不開悟的關鍵，就在能否證悟心的體性！

作者：第九世大寶法王噶瑪巴旺秋多傑　　講述者：堪布 卡塔仁波切
譯者：比丘尼洛卓拉嫫　　定價：330元

本書將大手印修行的次第，從加行到止、觀的正行等見地、方法全部逐一
介紹；其中對心性的剖析和指引題點，尤其令人嘆為觀止。

是起點，也是終點

《寶藏諫論》釋論

作者：堪千昆秋嘉稱仁波切　　譯者：陌地生佛學社 陳金鈴等　　定價：380元

這是直貢瓊贊法王給你的成佛藍圖：修行怕迷路，宗派法門又多如千山萬路，你
知道自己走到哪裡了嗎？這是一張從初發心到解脫的實修地圖，帶你見林又見
樹，既宏觀也微觀。

小吉寶貝

明就仁波切的小朋友開心禪

作者：詠給・明就仁波切　　譯者：哲也、林瑞冠　　定價：250元

世界知名的禪修大師詠給・明就仁波切，第一本專為孩子、爸爸媽媽和老
師而寫的親子成長禪修繪本。

《大般若經》（十冊）

家中的吉祥 結界

譯者：唐・玄奘大師　　定價：15,000元

般若是佛法的中心，更是菩薩行者六度萬行的基礎。六百卷的《大般若經》，
是佛教最長的經典。是大乘佛教世界最重要的吉祥象徵之一。念誦《大般
若經》，更是藏傳佛教界的美好傳統。

禪修指引 7

藏密氣功——從「以氣修心」到「心氣合一」的解脫道

作　　者	噶千仁波切 (Garchen Rinpoche)	
譯　　者	羅鐸仁謙等	
發 行 人	孫春華	
社　　長	妙融法師	
總 編 輯	黃靖雅	
執行主編	李建弘	
封面設計	自由落體設計	
版面構成	舞陽美術 張淑珍	
插　　畫	林佳穎	
行銷企劃	劉凱逢	
發行印務	黃志成	

國家圖書館出版品預行編目 (CIP) 資料

藏密氣功：從「以氣修心」到「心氣合一」的
解脫道 / 噶千仁波切 (Garchen Rinpoche) 著；
羅鐸仁謙等譯 .-- 初版 .-- 新北市：眾生文化，
2013.06
　面；　公分 .-- (禪修指引；7)
ISBN 978-986-6091-19-3(平裝)

1. 藏傳佛教 2. 佛教修持 3. 氣功

226.965　　　　　　　　　　102006642

台灣出版　　眾生文化出版有限公司
　　　　　　地　址：220 新北市板橋區四川路2段16巷3號6樓
　　　　　　電　話：02-8967-1019　傳　真：02-8967-1069
　　　　　　電子信箱：hy.chung.shen@gmail.com　網址：www.hwayue.org.tw

台灣總經銷　飛鴻國際行銷股份有限公司
　　　　　　地　址：231新店市中正路501-9號2樓
　　　　　　電　話：886-2-82186688　傳　真：886-2-82186458

香港經銷點　里人文化事業有限公司
　　　　　　地　址：香港荃灣橫龍街78號正好工業大廈22樓A室
　　　　　　電　話：852-2419-2288　傳　真：852-2419-1887
　　　　　　電子信箱：anyone@biznetvigator.com

初版一刷　　2013年 6 月
一版四刷　　2014年 7 月
I S B N　　978-986-6091-19-3（平裝）
定　　價　　360 元